KB160532

컴선생 여우님이 알려주는

초판 발행일 | 2021년 3월 25일
지은이 | 해람북스 기획팀
펴낸이 | 최용섭
총편집인 | 이준우
기획진행 | 김미경
표지디자인 | 김영리
편집디자인 | 김영리

주소 | 서울시 용산구 한남대로 11길 12, 6층
문의전화 | 02-6337-5419 팩스 02-6337-5429
홈페이지 | http://www.hrbooks.co.kr

발행처 | (주)미래엔에듀파트너   **출판등록번호** | 제2016-000047호

ISBN 979-11-6571-137-5 13000

상담을 원하시거나 아이가 컴퓨터 수업에 참석할 수 없는 경우에 아래 연락처로
미리 연락주시기 바랍니다.

★컴퓨터 선생님 성함 : ＿＿＿＿＿＿＿＿＿＿　★내 자리 번호 : ＿＿＿＿＿＿

★컴퓨터 교실 전화번호 : ＿＿＿＿＿＿＿＿＿＿＿＿＿＿＿＿

★나의 컴교실 시간표　요일 : ＿＿＿＿＿＿＿　시간 : ＿＿＿＿＿＿＿

※ 학생들이 컴퓨터실에 올 때는 컴퓨터 교재와 필기도구를 꼭 챙겨서 올 수 있도록 해 주시고,
　인형, 딱지, 휴대폰 등은 컴퓨터 시간에 꺼내지 않도록 지도 바랍니다.

시간표 및 출석 확인란입니다. 꼭 확인하셔서 결석이나 지각이 없도록 협조
바랍니다.

＿＿＿＿＿＿＿ 월

월	화	수	목	금

시간표 및 출석 확인란입니다. 꼭 확인하셔서 결석이나 지각이 없도록 협조 바랍니다.

_____ 월

월	화	수	목	금

시간표 및 출석 확인란입니다. 꼭 확인하셔서 결석이나 지각이 없도록 협조 바랍니다.

_____ 월

월	화	수	목	금

나의 타자 단계

이름 : _____

⭐ 오타 수가 5개를 넘지 않는 친구는 선생님께 확인을 받은 후 다음 단계로 넘어가서 연습합니다.

자리 연습	1단계	2단계	3단계	4단계	5단계	6단계	7단계	8단계
보고하기								
안보고하기								

낱말 연습	1단계	2단계	3단계	4단계	5단계	6단계	7단계	8단계
보고하기								
안보고하기								

자리연습	1번 연습	2번 연습	3번 연습	4번 연습	5번 연습	6번 연습	7번 연습	8번 연습
10개 이상								
20개 이상								
30개 이상								

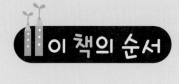

이 책의 순서

엑셀 2016

01 데이터 입력하기

• 문자와 숫자 데이터를 입력해요.
• 열의 너비를 변경하고 데이터를 저장해요.

▶ 완성 파일 : 01_과자조사_완성.xlsx

 문자와 숫자 데이터를 입력해 보아요.

❶ [윈도우 로고 키(▦)]-[Excel 2016] 메뉴를 클릭하여 엑셀 프로그램을 실행합니다.

❷ [B2] 셀을 클릭하여 제목을 입력하고 방향키를 이용하여 나머지 셀에도 그림과 같이 데이터를 입력합니다.

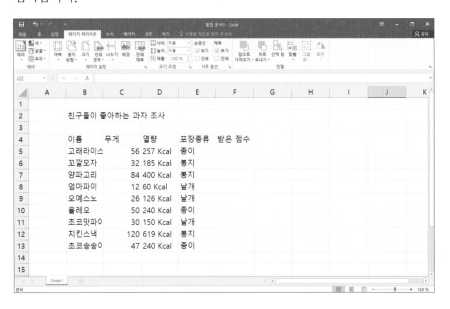

미션 2 열의 너비를 변경하고 데이터를 저장해 보아요.

① [B]열과 [C]열 머리글 경계선에 마우스 포인터를 가져다 대고 마우스 포인터 모양이 ╬로 변경되면 오른쪽으로 드래그하여 [B]열의 너비를 조절합니다.

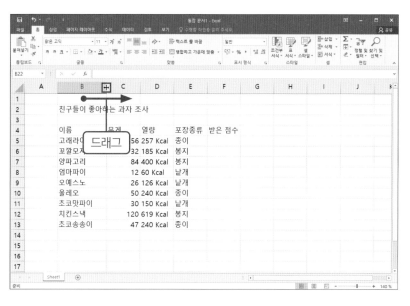

② 나머지 열의 너비도 위와 같은 방법으로 변경한 후 [B4] 셀에서 [F13] 셀까지 드래그하여 영역 지정한 후 [홈] 탭-[맞춤] 그룹-[가운데 맞춤(≡)]을 클릭합니다.

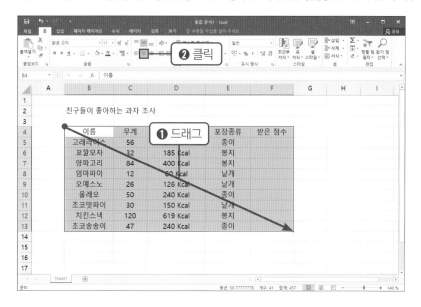

③ [파일] 탭을 클릭하고 [다른 이름으로 저장]–[찾아보기] 메뉴를 클릭하여 [다른 이름으로 저장] 대화상자가 나타나면 저장 위치를 지정한 후 파일 이름을 '과자조사'로 입력하고 [저장] 단추를 클릭합니다.

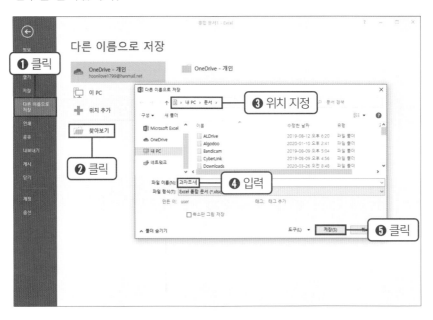

④ [창 제목 표시줄]에 저장한 '과자조사.xlsx' 파일 이름이 표시되는 것을 확인한 후 [닫기(✕)] 단추를 클릭하여 엑셀 2016 프로그램을 종료합니다.

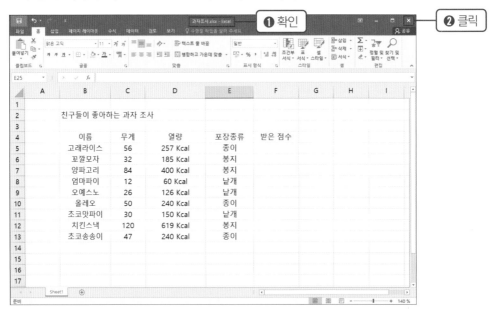

혼자 할 수 있어요!

01 다음과 같이 데이터를 입력한 후 열의 너비를 변경하고 '영화조사.xlsx'로 저장해 보세요.

• 완성 파일 : 01_영화조사_완성.xlsx

	A	B	C	D	E	F
1						
2		초등학생이 좋아하는 영화 장르 조사				
3						
4		영화 장르	장르 설명	저학년	고학년	
5		SF	공상 과학을 주제로 한 영화	8%	6%	
6		판타지	현실에서는 있을 수 없는 줄거리의 영화	16%	15%	
7		애니메이션	만화로 만들어진 영화	67%	22%	
8		액션	물리적 파괴성이 가미된 영화	7%	50%	
9		기타	코미디, 스릴러, 뮤지컬 등의 영화	2%	7%	
10						
11						
12						
13						

Sheet1

02 다음과 같이 데이터를 입력한 후 열의 너비를 변경하고 '그림책구경.xlsx'로 저장해 보세요.

• 완성 파일 : 01_그램책구경_완성.xlsx

	A	B	C	D	E	F	G
1							
2		엄마와 함께하는 그림책 구경					
3							
4		도서관	일정	주제	참가인원		
5		중앙도서관	5월 30일	돌멩이를 이용한 놀이	20		
6		해술도서관	4월28일	종이접기를 활용한 책 놀이	15		
7		교우도서관	5월 5일	액자, 아기책 만들기	20		
8		참새도서관	5월 12일	보들보들 천으로 책 만들기	10		
9		꿈터도서관	5월 5일	영유아 발달 책놀이	20		
10		햇살도서관	4월 20일	뇌가 좋은 아이	15		
11		꿈날개도서관	5월 8일	우리 아이 감성 키우기	20		
12		행복도서관	5월 20일	다문화 가정의 이해	20		
13							

Sheet1

02 문서에 기호 입력하기

 학습목표

- 저장된 파일을 열어 기호를 입력해요.
- 기호 대화상자에서 기호를 입력해요.

▶ 예제 파일 : 02_과자조사.xlsx
▶ 완성 파일 : 02_과자조사_완성.xlsx

미션1 저장된 파일을 열어 기호를 입력해 보아요.

① 엑셀 2016 프로그램을 실행한 후 [파일] 탭-[열기]-[찾아보기] 메뉴를 클릭하여 [열기] 대화상자가 나타나면 '02.과자조사.xlsx' 파일을 선택한 후 [열기] 단추를 클릭합니다.

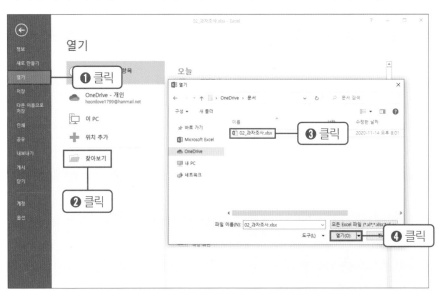

2 [F5] 셀을 클릭한 후 한글 자음 'ㅁ'을 입력하고 한자를 누릅니다.

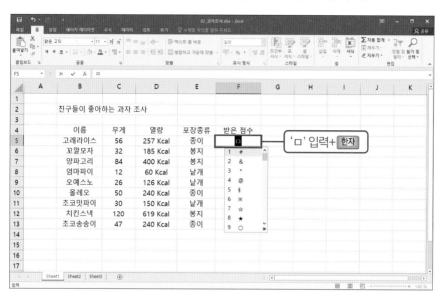

3 한글 자음 'ㅁ'에 해당하는 기호 목록이 표시되면 검정색 별 모양 기호(★)를 클릭하여 셀에 삽입합니다. 이어서 같은 방법으로 그림과 같이 검정색 별 모양 기호를 삽입하여 문서를 완성합니다.

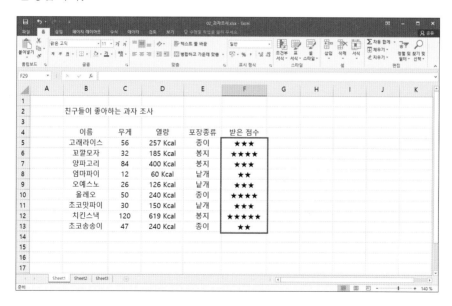

미션 2 **기호 대화상자에서 기호를 입력해 보아요.**

1 [B7] 셀을 선택한 후 [수식 입력줄]에서 문자 뒤를 클릭하여 커서가 깜박이면 [삽입] 탭-
[기호] 그룹-[기호(Ω)]를 클릭합니다.

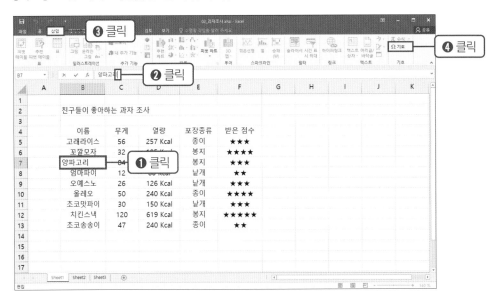

2 [기호] 대화상자가 나타나면 글꼴을 'Wingdings'로 선택하고 그림과 같은 기호를 선택한
후 [삽입] 단추를 클릭합니다.

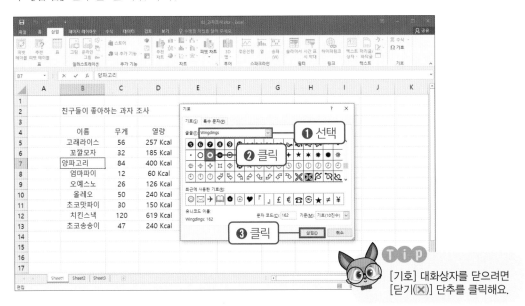

[기호] 대화상자를 닫으려면
[닫기(✕)] 단추를 클릭해요.

02 혼자 할 수 있어요!

01 예제 파일을 불러와 한글 자음 'ㅇ'을 이용하여 그림과 같이 기호를 입력해 보세요.

• 예제 파일 : 02_수업알람.xlsx
• 완성 파일 : 02_수업알람_완성.xlsx

	A	B	C	D	E	F	G	H	I
2	우리초등학교 수업시간 안내								
3	알림 종 시간표								
6	**알림 종 시간표**		**시작 시간**		**종료 시간**				
7	조례(첫 번째 종)								
8	①교시								
9	②교시								
10	ⓐⓑⓒ중간놀이시간								
11	③교시								
12	④교시								
13	ⓐⓑ점심시간								
14	⑤교시								
15	⑥교시								

Sheet1

02 예제 파일을 불러와 기호 대화상자를 이용하여 그림과 같이 기호를 입력해 보세요.

• 예제 파일 : 02_규칙.xlsx
• 완성 파일 : 02_규칙_완성.xlsx

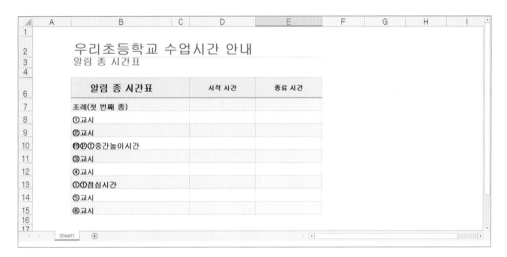

번호	기호	규칙
1	☽	핸드폰 사용 금지
2	⏰	지각하지 않기
3	☠	위험한 물건 가지고 오지 않기
4	🔔	수업 시간과 쉬는 시간 잘 지키기
5	☺	항상 웃는 얼굴로 친구와 선생님 대하기

03 온라인 그림 삽입하기

학 습 목 표

• 셀을 병합하고 글자 서식을 지정해요.
• 온라인 그림을 검색하여 삽입해요.

▶ 예제 파일 : 03_과자조사.xlsx
▶ 완성 파일 : 03_과자조사_완성.xlsx

 셀을 병합하고 글자 서식을 지정해 보아요.

1. '03_과자조사.xlsx' 파일을 열기하여 [B2:F2] 셀을 영역 지정한 후 [홈] 탭-[맞춤] 그룹-[병합하고 가운데 맞춤(圐)]을 클릭합니다.

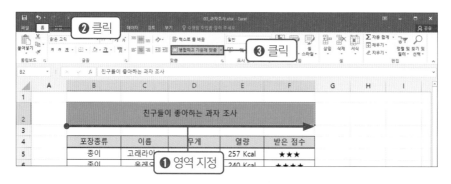

2. 선택한 셀이 하나로 합쳐지면 그림과 같이 글꼴과 크기, 글꼴 색을 각각 지정합니다.

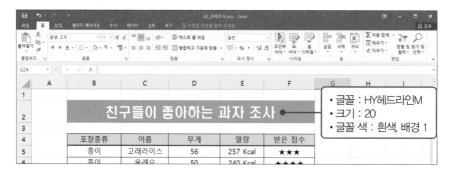

• 글꼴 : HY헤드라인M
• 크기 : 20
• 글꼴 색 : 흰색, 배경 1

③ [B5:B7] 셀을 영역 지정한 후 [홈] 탭-[맞춤] 그룹-[병합하고 가운데 맞춤(☰)]을 클릭하여 그림과 같은 메시지가 나타나면 [확인] 단추를 클릭합니다.

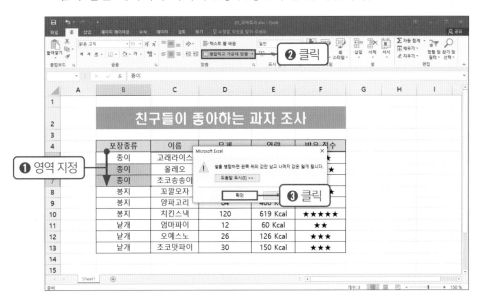

④ 나머지 셀도 그림과 같이 병합한 후 글자 서식을 지정합니다.

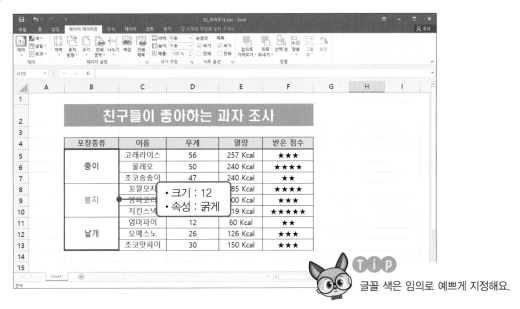

글꼴 색은 임의로 예쁘게 지정해요.

미션 2 **온라인 그림을 삽입해 보아요.**

① [삽입] 탭-[일러스트레이션] 그룹-[온라인 그림(🖼)]을 클릭하여 [그림 삽입] 대화상자가 나타나면 검색창에 '과자일러스트'를 입력하여 검색합니다.

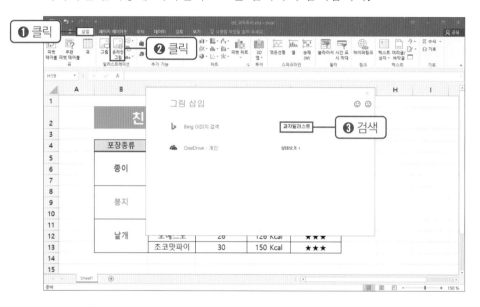

② 검색 결과가 나타나면 원하는 그림을 선택하고 [삽입] 단추를 클릭하여 개체가 삽입되면 그림과 같이 위치와 크기를 조절합니다.

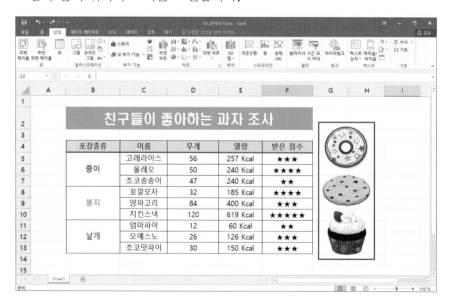

03 혼자 할 수 있어요!

01 예제 파일을 불러와 셀 병합과 온라인 그림 삽입을 이용하여 그림과 같은 문서를 완성해 보세요.

• 예제 파일 : 03_교실대기질.xlsx
• 완성 파일 : 03_교실대기질_완성.xlsx

교실 안/밖 대기질 조사
• 크기 : 24
• 글꼴 색 : 흰색, 배경 1

우리 교실 대기질 (11월 13일)			농도별 예보 등급			
			좋음	보통	나쁨	매우 나쁨
예보 물질	미세먼지(PM10)		0~30	31~80	81~150	151이상
	초미세먼지(PM2.5)		0~15	16~50	51~100	101이상
장소	교실밖	미세먼지			82	
		초미세먼지		27		
	교실안	미세먼지		35		
		초미세먼지	13			

속성 : 굵게

온라인 그림 검색 : 어린이

02 예제 파일을 불러와 셀 병합과 온라인 그림 삽입을 이용하여 그림과 같은 문서를 완성해 보세요.

• 예제 파일 : 03_독서감상문.xlsx
• 완성 파일 : 03_독서감상문_완성.xlsx

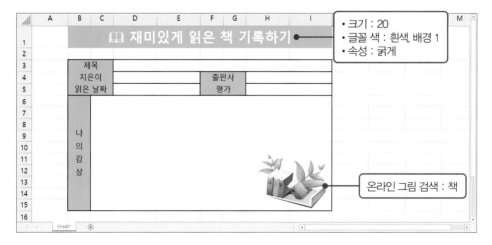

📖 재미있게 읽은 책 기록하기
• 크기 : 20
• 글꼴 색 : 흰색, 배경 1
• 속성 : 굵게

제목 / 지은이 / 읽은 날짜 / 출판사 / 평가 / 나의 감상

온라인 그림 검색 : 책

04 테두리와 셀 서식 지정하기

학 습 목 표

• 테두리 서식을 지정해요.
• 채우기 색을 지정해요.

▶ 예제 파일 : 04_위인독서법.xlsx
▶ 완성 파일 : 04_위인독서법_완성.xlsx

 테두리 서식을 지정해 보아요.

1 '04_위인독서법.xlsx' 파일을 열기하여 [B2:F2] 셀을 선택한 후 [병합하고 가운데 맞춤(圁)]을 선택하고 그림과 같이 '크기'와 '맞춤'을 지정합니다.

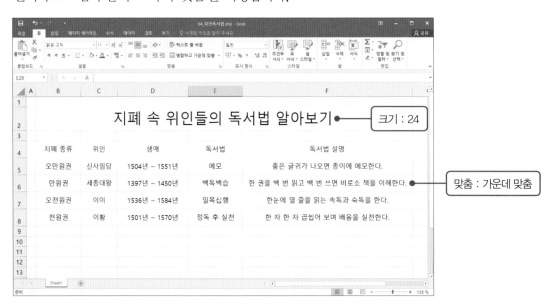

2 [B2] 셀을 선택한 후 [홈] 탭-[글꼴] 그룹-[테두리]-[선 색]-[청회색, 텍스트 2]를 클릭합니다.

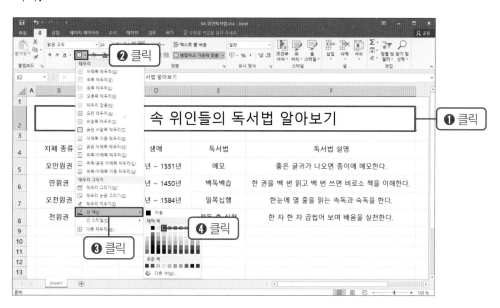

3 이어서 [굵은 바깥쪽 테두리]를 클릭하여 굵은 테두리가 표시되는 것을 확인합니다.

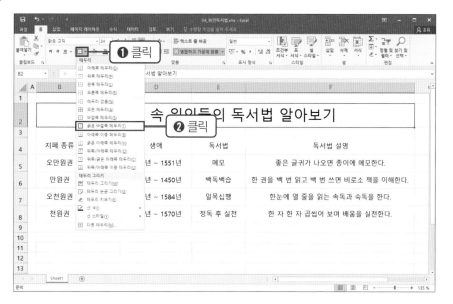

④ [B4:F8] 셀을 선택한 후 [모든 테두리]를 클릭하여 선택한 셀 전체에 테두리가 표시되는 것을 확인합니다.

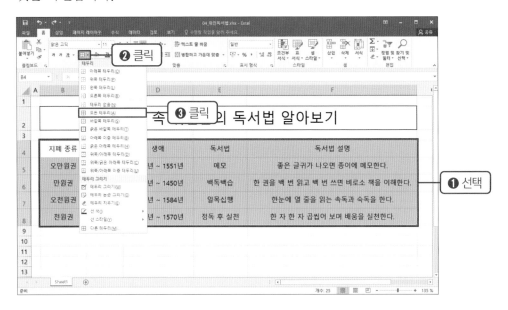

⑤ [B4:F4] 셀을 선택한 후 [아래쪽 이중 테두리]를 클릭하여 제목 아래에 이중 테두리가 표시되는 것을 확인합니다.

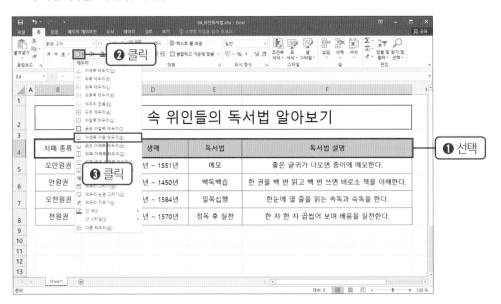

미션 2 **채우기 서식을 지정해 보아요.**

① [B2] 셀을 선택한 후 [홈] 탭-[글꼴] 그룹-[채우기 색]-[연한 파랑]을 선택합니다.

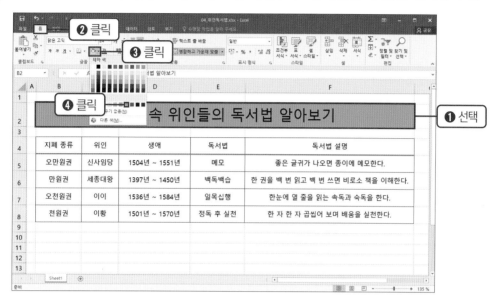

② [B4:F4] 셀을 선택하고 Ctrl 을 누른 상태로 [B6:F6], [B8:F8] 셀을 선택한 후 [채우기 색]-[파랑, 강조 1, 80% 더 밝게]를 선택하고 결과를 확인합니다.

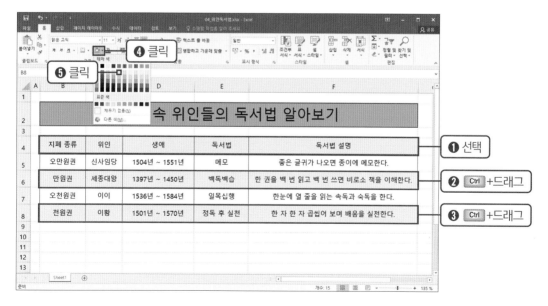

04 혼자 할 수 있어요!

• 예제 파일 : 04_독서왕.xlsx
• 완성 파일 : 04_독서왕_완성.xlsx

01 예제 파일을 불러와 테두리 서식을 이용하여 그림과 같이 완성해 보세요.

02 여러 가지 채우기 색을 이용하여 그림과 같이 완성해 보세요.

05 자동 채우기로 데이터 입력하기

• 자동 채우기로 데이터를 입력해요.
• 그림을 삽입하고 그림 효과를 적용해요.

▶ 예제 파일 : 05_쓰레기줍기.xlsx, 분리수거.png
▶ 완성 파일 : 05_쓰레기줍기_완성.xlsx

 자동 채우기로 데이터를 입력해 보아요.

① '05_쓰레기줍기.xlsx' 파일을 열기하여 [C4] 셀과 [B5] 셀의 서식을 그림과 같이 각각 지정합니다.

	3월					합계	평균
1모둠	49	48	46	78	48	269	53.8
	30	95	87	95	87		
	28	85	48	75	68		
	48	58	78	68	48		
	45	45	45	68			
	48	80	53	76			

• 글꼴 색 : 빨강
• 속성 : 굵게

• 글꼴 색 : 진한 파랑
• 속성 : 굵게, 기울임꼴

학교 주변 쓰레기 줍기

2 [C4] 셀을 선택한 후 오른쪽 아래 모서리의 채우기 핸들에 마우스를 가져다 대고 마우스 포인터의 모양이 변경되면 [G4] 셀까지 드래그합니다.

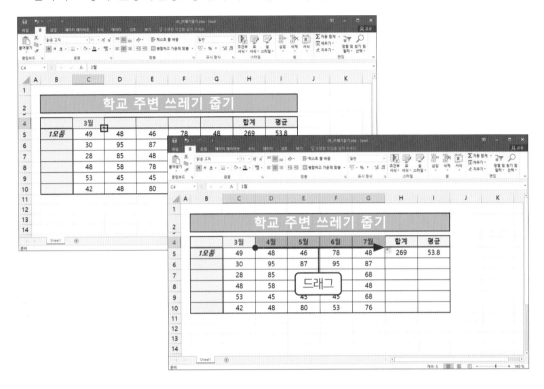

3 [B5] 셀을 선택하고 채우기 핸들을 마우스 오른쪽 단추로 클릭한 상태로 [B10] 셀까지 드래그한 후 바로가기 메뉴가 나타나면 [서식 없이 채우기]를 클릭합니다.

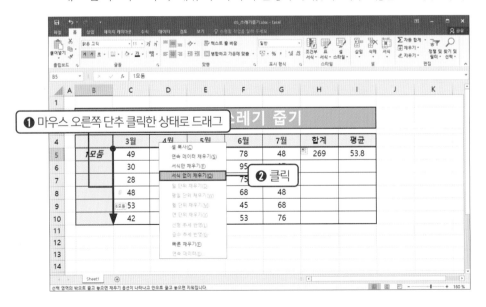

4 [H5:I5] 셀을 선택한 후 채우기 핸들을 [I10] 셀까지 드래그하여 '합계'와 '평균'값이 각각 자동으로 계산되어 채워지는 것을 확인합니다.

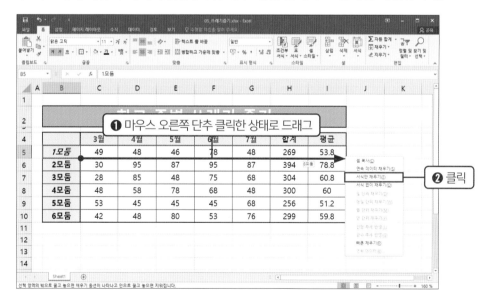

5 [B5] 셀을 선택하고 채우기 핸들을 마우스 오른쪽 단추로 클릭한 상태로 [I5] 셀까지 드래그한 후 바로가기 메뉴가 나타나면 [서식만 채우기]를 클릭하고 결과를 확인합니다.

미션 2 그림을 삽입하고 꾸며 보아요.

1 [삽입] 탭-[일러스트레이션] 그룹-[그림(🖼)]을 클릭하여 [그림 삽입] 대화상자가 나타나면 '분리수거.png' 파일을 선택하고 [삽입] 단추를 클릭합니다.

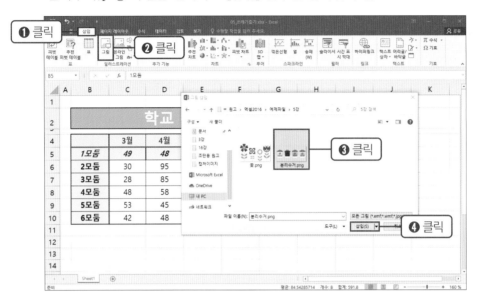

2 워크시트에 그림이 삽입되면 그림을 더블클릭하여 [그림 도구]-[서식] 탭-[조정] 그룹에서 [색(🖼)]-[녹색, 어두운 강조색 6]을 클릭합니다.

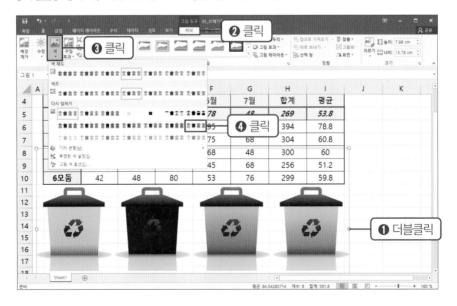

③ 이어서 [꾸밈 효과(🖼)]-[플라스틱 워프]를 클릭하여 그림에 효과가 적용된 것을 확인합니다.

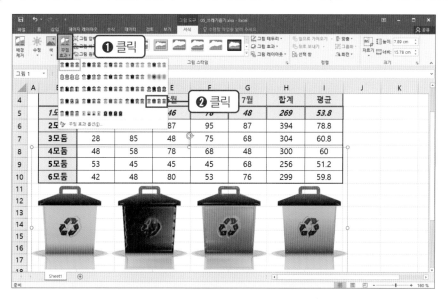

④ [그림 스타일] 그룹의 [그림 효과]-[네온]-[녹색, 8pt 네온, 강조색 6]을 클릭하여 효과가 적용된 것을 확인합니다. 이어서 그림의 크기와 위치를 조절합니다.

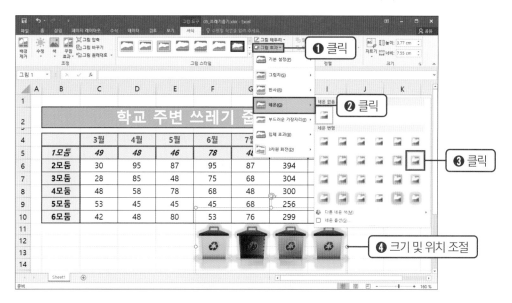

혼자 할 수 있어요!

• 예제 파일 : 05_달력.xlsx, 꽃.png
• 완성 파일 : 05_달력_완성.xlsx

01 예제 파일을 불러와 채우기 핸들을 이용하여 그림과 같이 데이터를 입력해 보세요.

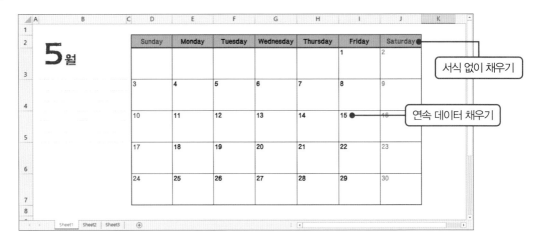

서식 없이 채우기

연속 데이터 채우기

02 그림 파일을 삽입한 후 여러 가지 효과를 적용하여 그림과 같이 꾸며 보세요.

• 꾸밈 효과 : 질감 표현
• 그림 효과 : 반사 – 근접 반사, 터치

06 워크시트 꾸미기

▶ 예제 파일 : 06_친환경실천.xlsx
▶ 완성 파일 : 06_친환경실천_완성.xlsx

미션 1 워크시트 이름과 탭 색을 변경해 보아요.

① '06_친환경실천.xlsx' 파일을 열기하여 그림과 같이 서식을 지정합니다.

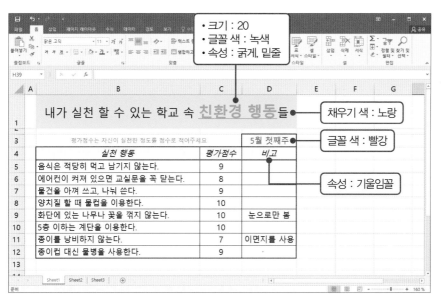

2 워크시트 왼쪽 아래 시트 탭에서 [Sheet1] 항목을 더블클릭하여 이름을 수정할 수 있는 상태로 변경되면 이름을 "5월 첫째주"로 입력하고 Enter 를 눌러 결과를 확인합니다.

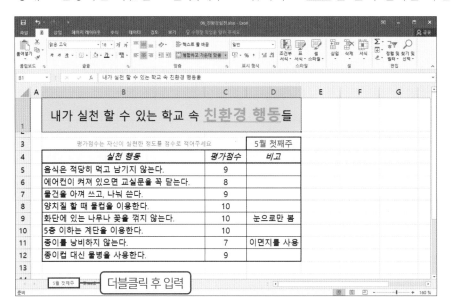

3 '5월 첫째주' 시트 탭을 마우스 오른쪽 단추로 클릭한 후 [탭 색]을 선택하고 '빨강'을 클릭하여 탭 색이 변경되는 것을 확인합니다.

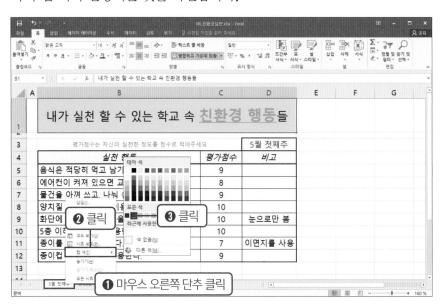

④ [Sheet2]를 선택한 후 [Ctrl] 을 누른 상태로 [Sheet3]을 클릭하여 2개의 시트가 함께 선택되면 [창 제목 표시줄]에 '[그룹]'이 표시되는 것을 확인합니다.

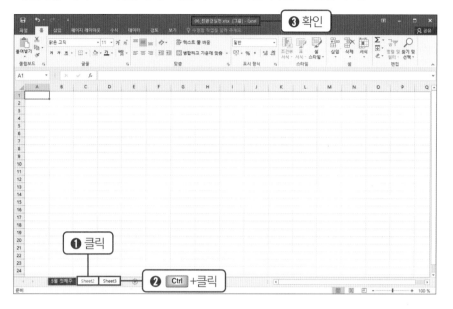

⑤ [Sheet2]나 [Sheet3] 시트 탭을 마우스 오른쪽 단추로 클릭하고 바로가기 메뉴가 나타나면 [삭제]를 클릭하여 선택한 2개의 시트가 삭제되는 것을 확인합니다.

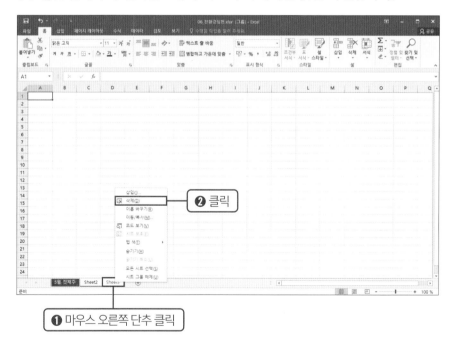

미션 2 워크시트를 복사해 보아요.

1 [5월 첫째주] 시트 탭을 선택한 후 Ctrl 을 누른 상태로 오른쪽으로 드래그하여 시트를 복사합니다.

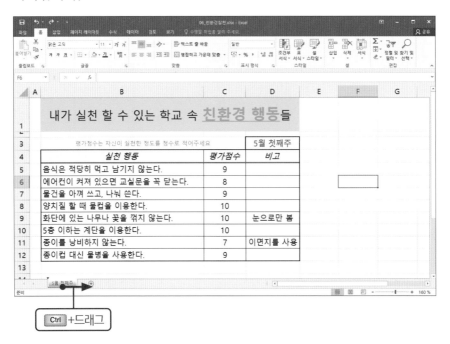

Ctrl +드래그

2 [5월 첫째주 (2)] 시트가 표시되면 시트를 더블클릭하여 그림과 같이 이름을 변경하고 탭의 색상을 '파랑'으로 지정합니다.

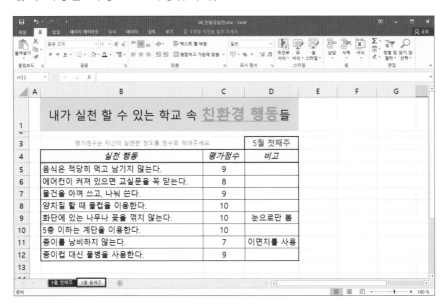

❸ [5월 둘째주] 시트의 내용을 그림과 같이 수정한 후 [5월 첫째주] 시트와의 차이점을 비교합니다.

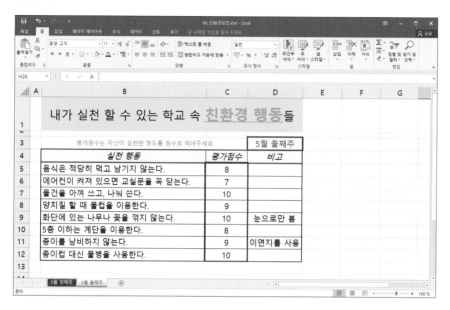

❹ 앞서 배운 내용을 참고하여 [5월 둘째주] 시트를 복사하고 그림과 같이 시트의 이름과 탭 색, 내용을 변경합니다.

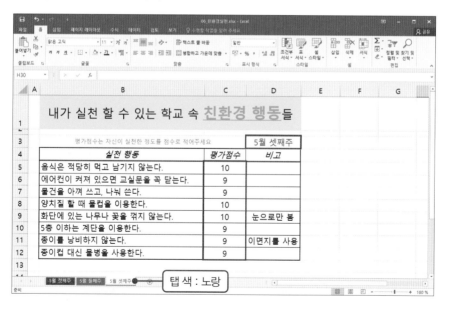

혼자 할 수 있어요!

• 예제 파일 : 06_1인1역.xlsx
• 완성 파일 : 06_1인1역_완성.xlsx

01 예제 파일을 불러와 그림과 같이 데이터를 입력한 후 시트의 이름과 탭 색을 변경해 보세요.

	항목	담당자	평가	5월 비고
	1인1역으로 행복한 학급 만들기			
4	수행평가 및 단원평가 시험지 나눠주기	안희재		
5	과제물 수거하여 선생님께 제출하기	송소담		
6	일기 수거하여 선생님께 제출하기	유남영		
7	학교 안내문 배부하기	윤승빈		
8	신청서 수거하여 선생님께 제출하기	원나영		
9	독서기록장 수거하여 선생님께 제출하기	최현옥		
10	일일 준비물 확인후 기록하기	박지훈		
11	일일 준비물 모둠별로 나눠주기	김지수		

탭 색 : 주황, 강조 2

02 [5월] 시트를 복사하여 [6월] 시트로 이름을 변경하고 그림과 같이 내용을 수정한 후 나머지 시트는 모두 삭제해 보세요.

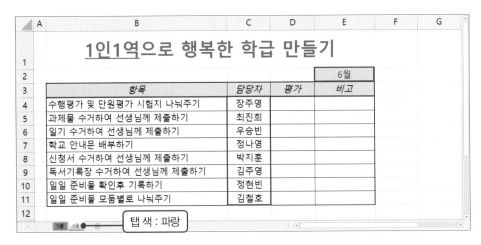

	항목	담당자	평가	6월 비고
	1인1역으로 행복한 학급 만들기			
4	수행평가 및 단원평가 시험지 나눠주기	장주영		
5	과제물 수거하여 선생님께 제출하기	최진희		
6	일기 수거하여 선생님께 제출하기	우승빈		
7	학교 안내문 배부하기	정나영		
8	신청서 수거하여 선생님께 제출하기	박지훈		
9	독서기록장 수거하여 선생님께 제출하기	김주영		
10	일일 준비물 확인후 기록하기	정현빈		
11	일일 준비물 모둠별로 나눠주기	김철호		

탭 색 : 파랑

07 데이터 정렬하기

학 습 목 표

• 한 셀에 여러 줄을 입력해요.
• 사용자 정의 목록으로 정렬해요.

▶ 예제 파일 : 07_전통놀이.xlsx
▶ 완성 파일 : 07_전통놀이_완성.xlsx

 미션 1 **한 셀에 여러 줄을 입력해 보아요.**

① '07_전통놀이.xlsx' 파일을 열기하여 그림과 같이 내용을 입력하고 서식을 지정합니다.

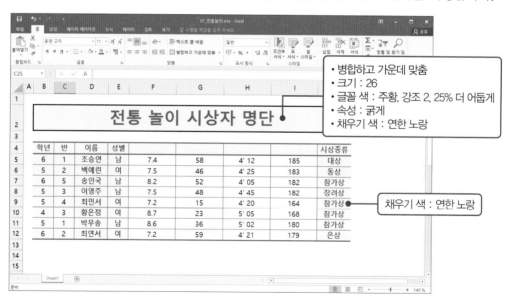

2 [F4] 셀에 '팽이치기'를 입력한 후 Alt + Enter 를 눌러 커서가 다음 줄로 이동되면 '(초)'를 입력합니다.

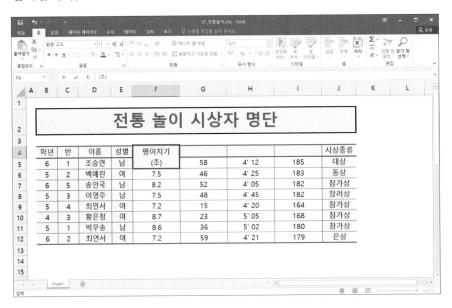

3 같은 방법으로 [G4], [H4], [I4] 셀에도 그림과 같이 내용을 입력합니다.

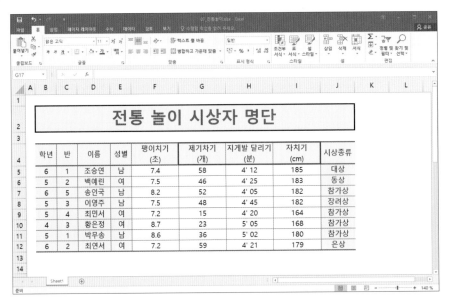

미션 2 **데이터의 순서를 변경해 보아요.**

1 [E5] 셀을 선택한 후 [데이터] 탭-[정렬 및 필터] 그룹-[텍스트 오름차순 정렬(↓)]을 클릭하여 성별이 '남'인 데이터가 위로 올라가는 것을 확인합니다.

2 [B5] 셀을 선택한 후 [숫자 내림차순 정렬(↓)]을 클릭하여 '학년'이 높은 데이터가 위로 올라가는 것을 확인합니다.

Tip 정렬할 데이터가 글자면 '텍스트 오름차순(내림차순) 정렬'로,
숫자면 '숫자 오름차순(내림차순) 정렬'로 표시돼요.

③ [B5] 셀을 선택합니다. 이어서 [정렬(圖)]을 클릭하여 [정렬] 대화상자가 나타나면 [기준 추가] 단추를 클릭하고 그림과 같이 지정한 후 [확인] 단추를 클릭합니다.

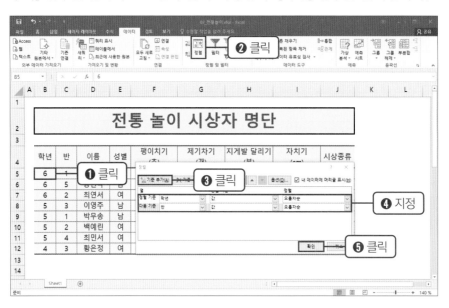

④ '학년'이 낮은 데이터가 먼저 정렬된 후 각 '학년'별로 '반'이 1반부터 정렬되는 것을 확인합니다.

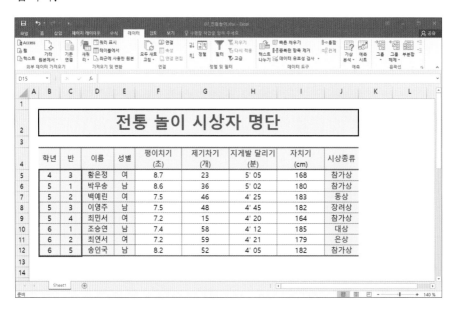

미션 3 내가 원하는 순서로 바꾸어 보아요.

1 [J5] 셀을 선택합니다. 이어서 [정렬]을 클릭하여 [정렬] 대화상자가 나타나면 [기준 삭제] 단추를 클릭하고 정렬 기준을 '시상종류'로 선택한 후 정렬 방법에서 '사용자 지정 목록'을 클릭합니다.

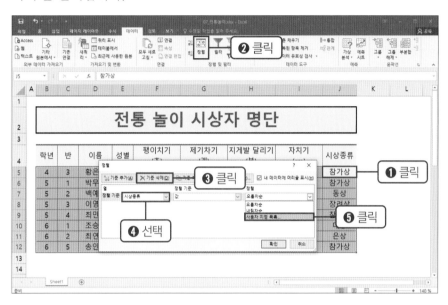

2 [사용자 지정 목록] 대화상자가 나타나면 '목록 항목' 입력란에 그림과 같이 데이터를 입력하고 [추가] 단추를 클릭한 후 [확인] 단추를 클릭합니다.

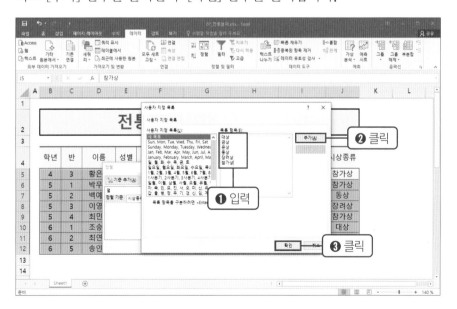

❸ 다시 한 번 [확인] 단추를 클릭하여 사용자가 지정한 순서대로 데이터가 정렬되는 것을 확인합니다.

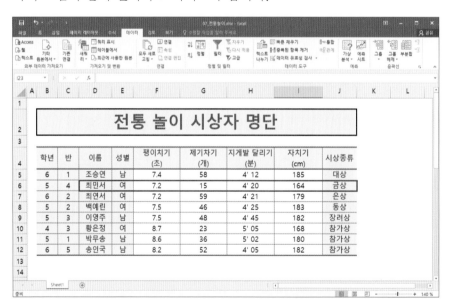

❹ '최민서'의 '시상종류'값을 '금상'으로 수정한 후 '사용자 지정 목록' 항목으로 정렬을 실행하여 그림과 같이 결과가 표시되도록 합니다.

학년	반	이름	성별	팽이치기 (초)	제기차기 (개)	지게발 달리기 (분)	자치기 (cm)	시상종류
6	1	조승연	남	7.4	58	4' 12	185	대상
5	4	최민서	여	7.2	15	4' 20	164	금상
6	2	최연서	여	7.2	59	4' 21	179	은상
5	2	백예린	여	7.5	46	4' 25	183	동상
5	3	이영주	남	7.5	48	4' 45	182	장려상
4	3	황은정	여	8.7	23	5' 05	168	참가상
5	1	박무송	남	8.6	36	5' 02	180	참가상
6	5	송인국	남	8.2	52	4' 05	182	참가상

혼자 할 수 있어요!

• 예제 파일 : 07_공모전.xlsx
• 완성 파일 : 07_공모전_완성.xlsx

01 예제 파일을 불러와 그림과 같이 내용을 입력하고 서식을 지정해 보세요.

대상	부문	성별	이름	시상	글쓰기 주제
					전국 학생 글쓰기 공모전 결과
초등부	동시	여	김나영	동상	필통 속 내 세상
초등부	동시	여	김선미	장려상	나의 친구 책
초등부	동시	여	박은정	은상	민들레 가족
고등부	산문	여	김선아	동상	음악과 집중력의 관계
중등부	산문	여	송아림	대상	우리들의 공부 스타일
중등부	산문	남	이동현	금상	슬기로운 스마트폰 생활
고등부	시조	남	허민성	장려상	해학과 풍자

- 병합하고 가운데 맞춤
- 크기 : 25
- 글꼴 색 : 녹색, 강조 6, 25% 더 어둡게
- 속성 : 굵게

- 글꼴 색 : 흰색, 배경 1
- 속성 : 굵게, 가운데 맞춤
- 채우기 색 : 녹색, 강조 6, 25% 더 어둡게

- 채우기 색 : 녹색, 강조 6, 80% 더 밝게

02 '대상'이 '초등부-중등부-고등부' 순서로 정렬되도록 내림차순 정렬을 실행해 보세요.

03 '시상'이 '대상-금상-은상-동상-장려상' 순서로 정렬되도록 사용자 지정 목록을 추가한 후 정렬을 실행해 보세요.

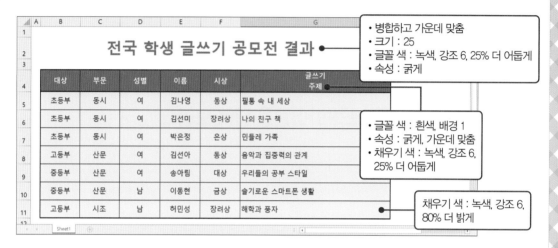

대상	부문	성별	이름	시상	글쓰기 주제
					전국 학생 글쓰기 공모전 결과
중등부	산문	여	송아림	대상	우리들의 공부 스타일
중등부	산문	남	이동현	금상	슬기로운 스마트폰 생활
초등부	동시	여	박은정	은상	민들레 가족
초등부	동시	여	김나영	동상	필통 속 내 세상
고등부	산문	여	김선아	동상	음악과 집중력의 관계
초등부	동시	여	김선미	장려상	나의 친구 책
고등부	시조	남	허민성	장려상	해학과 풍자

08 조건부 서식 지정하기

▶ 예제 파일 : 08_독서량.xlsx
▶ 완성 파일 : 08_독서량_완성.xlsx

 미션 1 데이터에 막대와 아이콘을 넣어 보아요.

1 '08_독서량.xlsx' 파일을 열기하여 그림과 같이 내용을 입력하고 서식을 지정합니다.

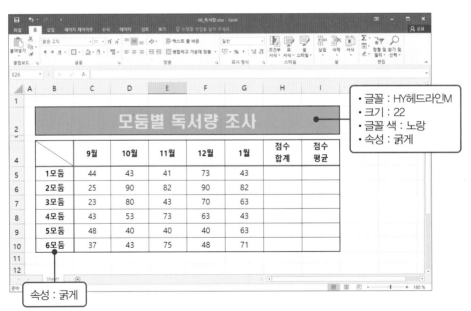

• 글꼴 : HY헤드라인M
• 크기 : 22
• 글꼴 색 : 노랑
• 속성 : 굵게

속성 : 굵게

2 [C5:C10] 셀을 선택한 후 [홈] 탭-[스타일] 그룹-[조건부 서식(📊)]을 클릭하여 [데이터 막대]-[그라데이션 채우기]-[녹색 데이터 막대]를 선택합니다.

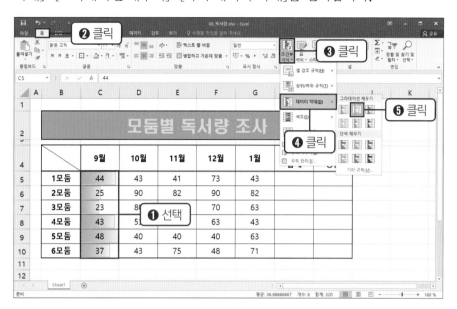

3 같은 방법으로 [D5:E10] 셀에도 데이터 막대를 지정합니다.

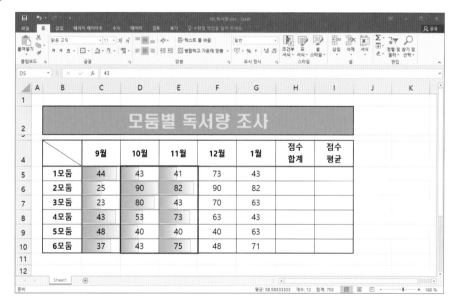

④ [C5:C10] 셀을 선택한 후 [홈] 탭-[스타일] 그룹-[조건부 서식(▦)]-[아이콘 집합]-[3색 신호등(테두리)]를 선택합니다.

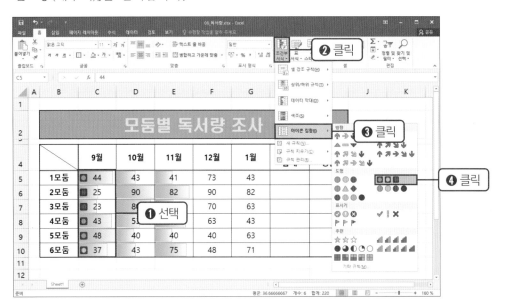

⑤ 같은 방법으로 [D5:E10] 셀에도 그림과 같이 아이콘 집합을 지정합니다.

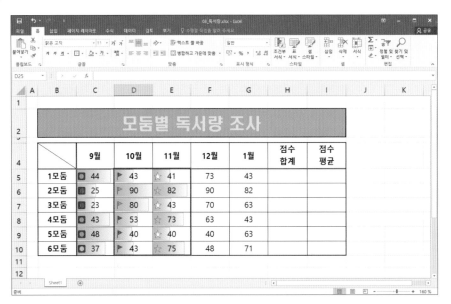

미션 2 조건에 따라 셀을 강조해 보아요.

1 [F5:F10] 셀을 선택한 후 [홈] 탭-[스타일] 그룹-[조건부 서식(📋)]을 클릭하여 [셀 강조 규칙]-[다음 값의 사이에 있음]을 선택합니다.

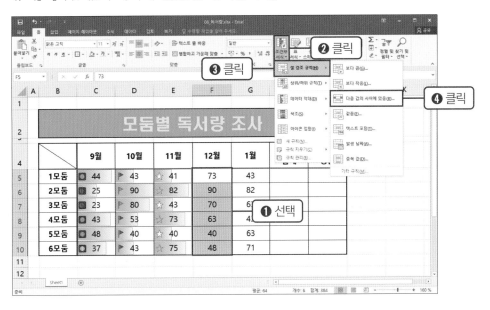

2 [해당 범위] 대화상자가 나타나면 그림과 같이 범위를 지정하고 [확인] 단추를 클릭하여 결과를 확인합니다.

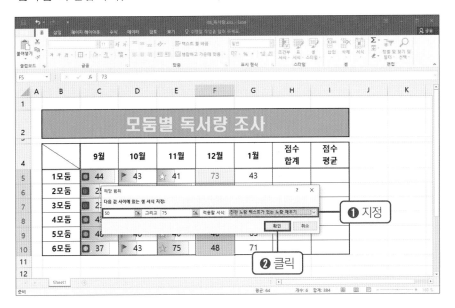

③ [C5:F10] 셀을 선택한 후 [조건부 서식(🔲)]-[규칙 관리]를 클릭합니다.

④ [조건부 서식 규칙 관리자] 대화상자가 나타나면 그림과 같이 신호등 아이콘을 선택하고 [규칙 삭제] 단추를 클릭한 후 [확인] 단추를 클릭합니다.

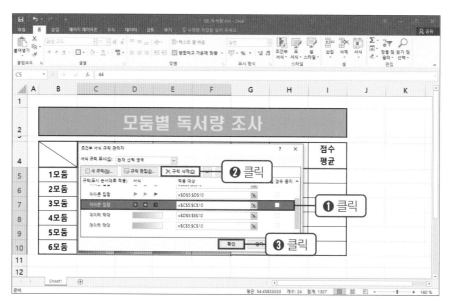

⑤ [조건부 서식(🔲)]-[규칙 지우기]-[시트 전체에서 규칙 지우기]를 클릭하여 시트에 적용된 모든 조건부 서식을 삭제합니다.

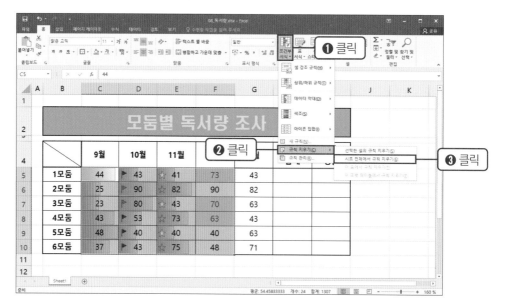

혼자 할 수 있어요!

08

01 예제 파일을 불러와 그림과 같이 조건부 서식을 지정해 보세요.

- 예제 파일 : 08_줄넘기.xlsx
- 완성 파일 : 08_줄넘기_완성.xlsx

키가 쑥쑥 줄넘기 대회 개인 기록

학년	반	이름	성별	제자리뛰기	양발모아뛰기	8자뛰기	2단점프	시상내역
2	5	송인국	남	109	103	40	4	참가상
3	1	김민재	남	102	85	15	2	참가상
3	2	박예린	여	98	110	38	5	참가상
3	2	최연서	여	165	152	46	15	동상
4	3	이영주	남	240	210	94	18	금상
4	3	황은정	여	160	142	68	18	은상
5	1	박무송	남	246	198	90	35	대상
5	4	최민서	여	150	130	80	15	동상

02 예제 파일을 불러와 그림과 같이 조건부 서식을 지정해 보세요.

- 예제 파일 : 08_추천도서.xlsx
- 완성 파일 : 08_추천도서_완성.xlsx

어휘력을 키워주는 추천도서

출판사	이름	가격(원)	페이지수(쪽)	받은 점수
노란돼지	초등학생을 위한 욕심쟁이 딸기 아저씨	12,000	52	50
	901호 띵똥 아저씨	11,000	48	40
아름다운사람들	내가 할아버지를 유괴했어요	11,000	76	20
	작은 친절, 이유없는 선행	13,000	40	40
책속물고기	글쓰기가 뭐가 어려워?	11,000	96	20
	소크라테스 토끼의 똑똑한 질문들	10,000	80	30
파란자전거	애기 해녀 옥랑이 미역 따러 독도가요!	11,900	38	40
	분황사 우물에는 용이 산다	8,900	120	30

09 자동 합계로 계산하기

학 습 목 표

• 수식을 입력하여 값을 구해요.
• 자동 합계 도구로 합계와 평균을 구해요.
• 자동 합계 도구로 최대값과 최소값을 구해요.

▶ 예제 파일 : 09_열량조사.xlsx
▶ 완성 파일 : 09_열량조사_완성.xlsx

미션 1 수식을 입력해 보아요.

① '09_열량조사.xlsx' 파일을 열기하여 [E4] 셀을 클릭하고 "="을 입력합니다.

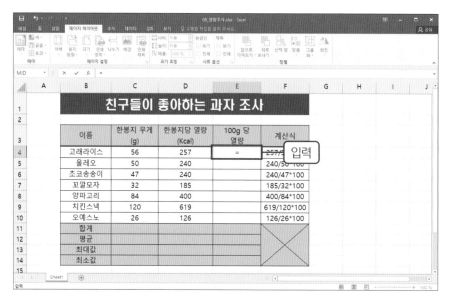

2 "=" 뒤에 커서를 위치시킨 후 [D4] 셀을 선택하고 "/"를 입력한 후 [C4] 셀을 선택합니다.
이어서 "*100"을 입력하고 Enter 를 누릅니다.

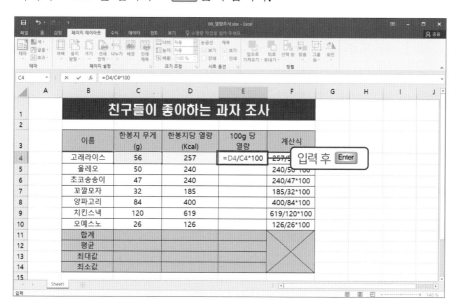

3 결과값이 표시되면 [E4] 셀을 선택한 후 채우기 핸들을 [E10] 셀까지 드래그하여 결과값을
채우기합니다.

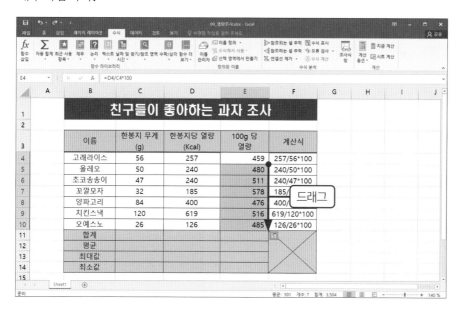

미션 2 **자동 합계 도구로 합계와 평균을 구해 보아요.**

1 [C4:C10] 셀을 선택한 후 [수식] 탭–[함수 라이브러리] 그룹–[자동 합계(Σ)]를 클릭하여 [합계]를 선택합니다.

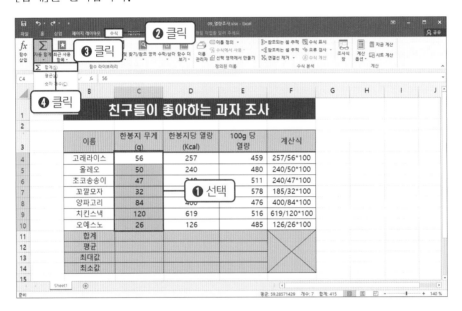

2 같은 방법으로 [C12] 셀에 [C4:C10] 셀의 평균을 구하고 [C12] 셀을 선택한 후 [홈] 탭–[표시 형식] 그룹–[자릿수 줄임(🔽)]을 클릭하여 그림과 같이 완성합니다.

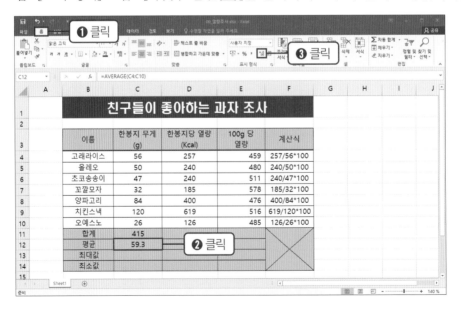

자동 합계 도구로 최대값과 최소값을 구해 보아요.

1 [C13] 셀을 선택한 후 [C4:C10] 셀을 선택하고 [수식] 탭-[함수 라이브러리] 그룹-[자동 합계(Σ)]-[최대값]을 클릭합니다. 같은 방법으로 [C14] 셀에 [C4:C10] 셀의 '최소값'을 구합니다.

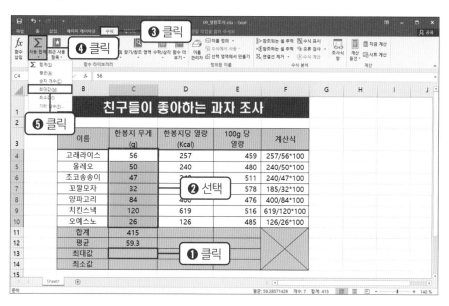

2 [C11:C14] 셀을 선택한 후 채우기 핸들을 [E11:E14] 셀까지 드래그하여 결과값을 채우기 합니다.

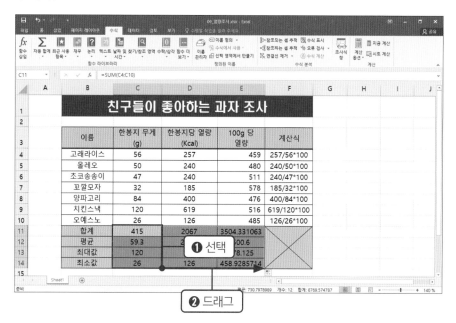

09 혼자 할 수 있어요!

• 예제 파일 : 09_성장중심평가.xlsx
• 완성 파일 : 09_성장중심평가_완성.xlsx

01 예제 파일을 불러와 자동 합계 기능을 이용하여 그림과 같이 완성해 보세요.

성장 중심 평가 결과

	창의력	비판적 사고력	소통능력	발표력	협동능력	합계	평균
고하늘	90	100	85	79	100	454	90.8
김주영	80	90	87	95	87	439	87.8
박진주	95	85	90	75	70	415	83.0
우수민	85	98	71	68	98	420	84.0
최동주	90	100	78	95	89	452	90.4
주한별	98	88	80	87	79	432	86.4
최대값	98	100	90	95	100		
최소값	80	85	71	68	70		

02 조건부 서식의 [상위/하위 규칙]-[평균 초과] 기능을 이용하여 그림과 같이 각 학생별 평균 초과값에 별도의 서식을 지정해 보세요.

성장 중심 평가 결과

	창의력	비판적 사고력	소통능력	발표력	협동능력	합계	평균
고하늘	90	100	85	79	100	454	90.8
김주영	80	90	87	95	87	439	87.8
박진주	95	85	90	75	70	415	83.0
우수민	85	98	71	68	98	420	84.0
최동주	90	100	78	95	89	452	90.4
주한별	98	88	80	87	79	432	86.4
최대값	98	100	90	95	100		
최소값	80	85	71	68	70		

10 함수 마법사로 계산하기

학 습 목 표

• 함수 마법사로 합계와 평균을 구해요.
• COUNTIF 함수로 개수를 구해요.

▶ 예제 파일 : 10_성장중심평가.xlsx
▶ 완성 파일 : 10_성장중심평가_완성.xlsx

미션1 함수 마법사로 합계와 평균을 구해 보아요.

① '10_성장중심평가.xlsx' 파일을 열기하여 [H5] 셀을 선택한 후 [수식] 탭-[함수 라이브러리] 그룹-[함수 삽입(𝑓x)]을 클릭합니다.

② [함수 마법사] 대화상자가 나타나면 [범주 선택]에서 '모두'를 선택하고 [함수 선택]에서 'SUM' 함수를 선택한 후 [확인] 단추를 클릭합니다.

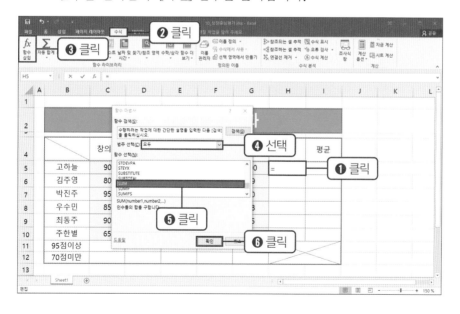

❸ [함수 인수] 대화상자가 나타나면 'Number1' 항목의 ▦을 클릭한 후 [C5:G5] 셀을 드래그
하여 합계를 구할 영역을 선택하고 다시 ▦을 클릭합니다.

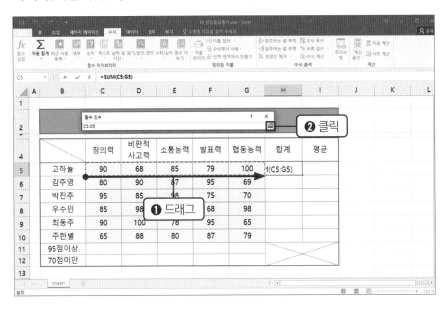

❹ [함수 인수] 대화상자로 복귀하여 결과값을 미리 확인한 후 [확인] 단추를 클릭합니다.

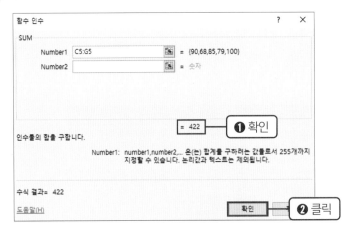

5 [H6:H10] 셀에 계산된 합계값을 채우기한 후 [I5] 셀을 선택하고 [수식] 탭–[함수 라이브러리] 그룹–[함수 삽입(*fx*)]을 클릭하여 [함수 마법사] 대화상자가 나타나면 [함수 선택]에서 'AVERAGE' 함수를 선택한 후 [확인] 단추를 클릭합니다.

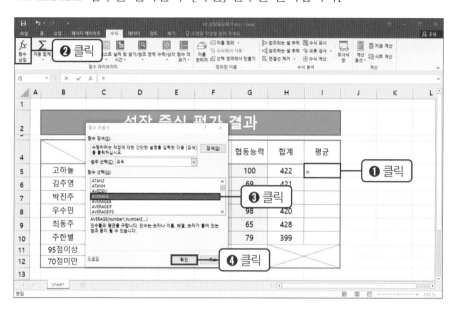

6 **❸**과 같은 방법으로 [C5:G5] 셀을 드래그하여 평균을 구할 영역을 선택한 후 결과를 확인하고 계산된 결과값을 채우기합니다.

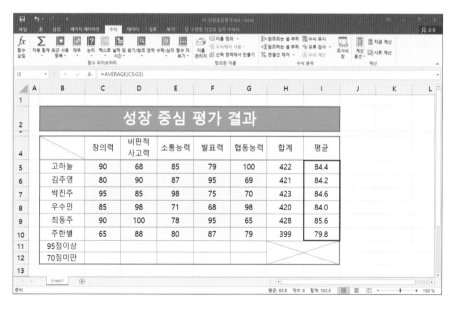

미션 2 # COUNTIF 함수로 개수를 구해 보아요.

❶ [C11] 셀을 선택하고 [수식] 탭-[함수 라이브러리] 그룹-[함수 삽입(*fx*)]을 클릭한 후 [함수 선택]에서 'COUNTIF' 함수를 선택합니다.

❷ 'Range' 항목에 [C5:C10] 영역을 지정하고 'Criteria' 항목에 ">=95"를 입력한 후 [확인] 단추를 클릭합니다.

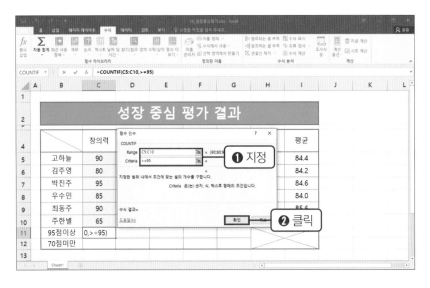

❸ 계산된 결과값을 채우기하여 각 항목별로 95보다 크거나 같은 데이터의 개수가 표시되는 것을 확인합니다.

4 70점 미만인 점수의 개수를 구하기 위해 [C12] 셀을 선택한 후 [함수 삽입(_fx_)]을 클릭하고 [함수 선택]에서 'COUNTIF' 함수를 선택합니다.

5 **❷**와 같은 방법으로 'Range' 항목에 [C5:C10] 영역을 지정하고 'Criteria' 항목에 "< 70"을 입력한 후 [확인] 단추를 클릭합니다.

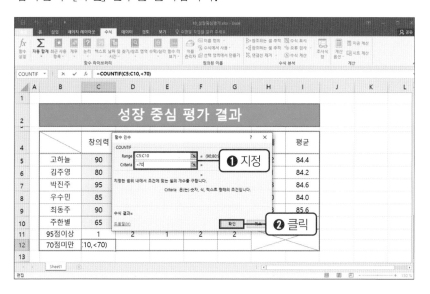

6 계산된 결과값을 채우기하여 각 항목별로 70보다 작은 데이터의 개수가 표시되는 것을 확인합니다.

10 혼자 할 수 있어요!

01 예제 파일을 불러와 합계와 평균을 구하고 운동량이 2시간 이상인 데이터와 30분 미만인 데이터의 개수를 구해 보세요.

• 예제 파일 : 10_운동량조사.xlsx
• 완성 파일 : 10_운동량조사_완성.xlsx

초등학생 평일 운동량 조사

(단위:분)

이름	성별	월요일	화요일	수요일	목요일	금요일	합계	평균
송인국	남	68	110	200	120	70	568	113.6
김민재	남	180	270	190	200	150	990	198
박예린	여	120	50	70	35	28	303	60.6
최연서	여	80	30	30	45	43	228	45.6
이영주	남	25	20	50	64	60	219	43.8
황은정	여	10	50	30	54	70	214	42.8
박무송	남	68	70	60	180	210	588	117.6
2시간 이상		2	1	2	3	2		
30분 미만		2	1	0	0	1		

Hint

• [I6] : =SUM(D6:H6)
• [J6] : =AVERAGE(D6:H6)
• [D13] : =COUNTIF(D6:D12, ">=120"
• [D14] : =COUNTIF(D6:D12, "<30"

02 예제 파일을 불러와 성별이 남자인 데이터의 개수와 레드 모둠과 레드 모둠이 아닌 데이터의 개수를 구해 보세요.

• 예제 파일 : 10_우리반 친구들.xlsx
• 완성 파일 : 10_우리반 친구들_완성.xlsx

3학년 2반 친구들

이름	키번호	출석번호	성별	모둠명	좋아하는 것
우수민	5	59	여	그린	줄넘기
최선화	7	62	여	옐로우	과자
강지원	3	2	남	레드	태권도
이진주	2	60	여	옐로우	인형
황인경	10	65	여	그린	한자
김종혁	6	4	남	그린	자동차
조현태	4	9	남	옐로우	책
김은혜	1	51	여	레드	강아지
❖ 남자 친구는 몇 명인가요?				3	
❖ 레드 모둠인 친구는 몇 명인가요?					2
❖ 레드 모둠이 아닌 친구는 몇 명인가요?					6

Hint

• [E14] : =COUNTIF(E5:E12, "남"
• [F15] : =COUNTIF(F5:F12, "레드")
• [F16] : =COUNTIF(F5:F12, "<>레드")

11 조건으로 결과값 구하기

 AND와 OR 함수의 사용법을 알아보아요.

① '11_자유탐구대회.xlsx' 파일을 열기하여 [E5] 셀을 선택한 후 [수식] 탭-[함수 라이브러리] 그룹-[함수 삽입(*fx*)]을 클릭합니다.

② [함수 마법사] 대화상자가 나타나면 [범주 선택]에서 '모두'를 선택하고 [함수 선택]에서 'AND' 함수를 선택한 후 [확인] 단추를 클릭합니다.

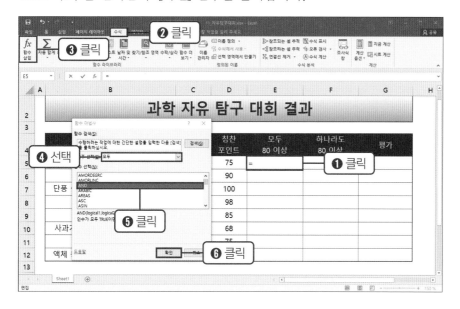

③ [함수 인수] 대화상자가 나타나면 'Logical1' 항목과 'Logical2' 항목을 그림과 같이 지정한 후 [확인] 단추를 클릭합니다.

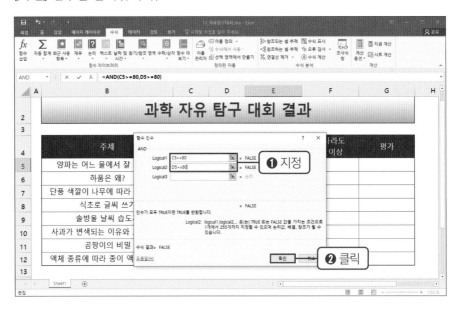

④ '창의탐구성'과 '칭찬포인트'가 모두 80점 미만이기 때문에 거짓인 'FALSE' 결과가 표시 되는 것을 확인한 후 마우스 오른쪽 단추를 클릭한 상태로 채우기 핸들을 [E12] 셀까지 드래그하여 바로가기 메뉴가 나타나면 [서식 없이 채우기]를 클릭합니다.

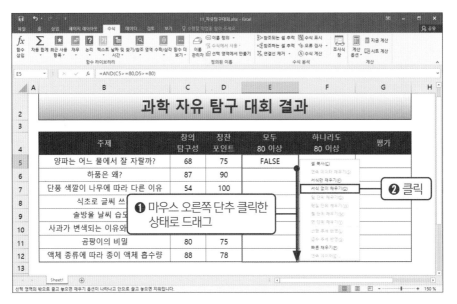

5 [F5] 셀을 선택하고 [함수 삽입(fx)]을 클릭한 후 [함수 마법사] 대화상자가 나타나면 [함수 선택]에서 'OR' 함수를 선택한 후 [확인] 단추를 클릭합니다.

6 [함수 인수] 대화상자가 나타나면 'Logical1' 항목과 'Logical2' 항목을 그림과 같이 지정한 후 [확인] 단추를 클릭합니다.

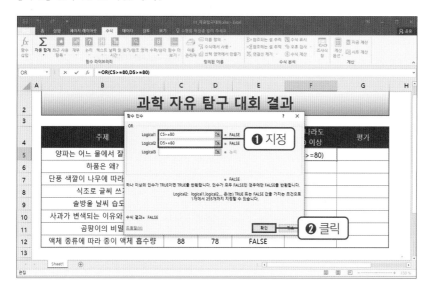

7 '창의탐구성'과 '칭찬포인트'가 모두 80점 미만이기 때문에 거짓인 'FALSE' 결과가 표시되는 것을 확인한 후 마우스 오른쪽 단추를 클릭한 상태로 채우기 핸들을 [F12] 셀까지 드래그하여 바로가기 메뉴가 나타나면 [서식 없이 채우기]를 클릭합니다.

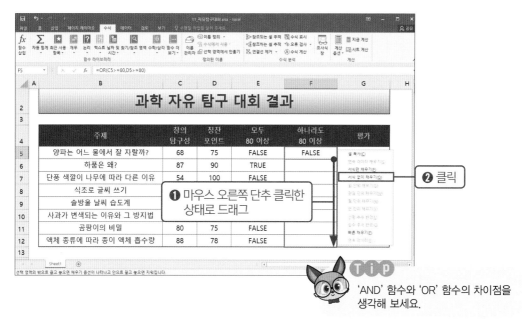

'AND' 함수와 'OR' 함수의 차이점을 생각해 보세요.

미션 2 **IF 함수의 사용법을 알아보아요.**

① [G5] 셀을 선택한 후 [함수 삽입(fx)]을 클릭하여 [함수 마법사] 대화상자가 나타나면 'IF' 함수를 선택합니다.

② [함수 인수] 대화상자가 나타나면 'Logicla_test' 항목에는 두 조건을 모두 만족하는 조건식이 있는 [E5] 셀을 지정하고 'Value_if_true' 항목에는 참의 값("아주 훌륭해"), 'Value_if_false' 항목에는 거짓값("훌륭해")을 각각 입력한 후 [확인] 단추를 클릭합니다.

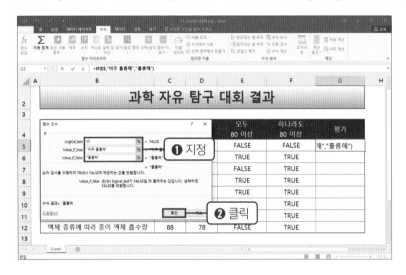

③ 거짓값인 "훌륭해"가 나타나는 것을 확인한 후 마우스 오른쪽 단추를 클릭한 상태로 채우기 핸들을 [G12] 셀까지 드래그하여 바로가기 메뉴가 나타나면 [서식 없이 채우기]를 클릭합니다.

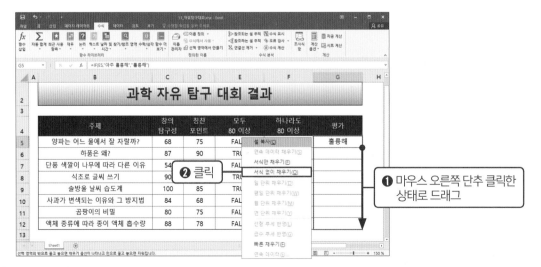

혼자 할 수 있어요!

11

01 예제 파일을 불러와 투표 개수가 모두 10개를 넘은 경우와 하나라도 10개가 넘는 경우에 따른 평가값을 구해 보세요.

- 예제 파일 : 11_인기투표.xlsx
- 완성 파일 : 11_인기투표_완성.xlsx

애니메이션 OST 인기투표 결과

이름	여자 친구의 표	남자 친구의 표	모두 10개가 넘었나?	하나라도 10개가 넘었나?	평가
피노키오	8	7	FALSE	FALSE	인기짱
알라딘	12	16	TRUE	TRUE	최고인기짱
인어공주	10	7	FALSE	FALSE	인기짱
라이온 킹	8	15	FALSE	TRUE	인기짱
미녀와 야수	10	11	FALSE	TRUE	인기짱
신데렐라	8	6	FALSE	FALSE	인기짱
라푼젤	15	5	FALSE	TRUE	인기짱
겨울왕국	12	14	TRUE	TRUE	최고인기짱

Hint
- [E5] : =AND(C5>10, D5>10)
- [F5] : =OR(C5>10, D5>10)
- [G5] : =IF(AND(C5>10, D5>10), "최고인기짱", "인기짱")

02 예제 파일을 불러와 '한글 타자기록'과 '영어 타자기록' 점수에 따른 통과 여부와 최종 결과를 구해 보세요.

- 예제 파일 : 11_타자기록.xlsx
- 완성 파일 : 11_타자기록_완성.xlsx

한글/영문 타자 기록표

이름	한글 타자기록		영어 타자기록		최종 결과
	점수	통과 여부	점수	통과 여부	
이석진	190	합격	110	불합격	재시험
하미영	160	합격	140	합격	통과
이수진	160	합격	110	불합격	재시험
박주영	200	합격	90	불합격	재시험
황민철	180	합격	170	합격	통과
김영준	150	합격	110	불합격	재시험
이민수	230	합격	226	합격	통과
하태환	258	합격	250	합격	통과
류진희	210	합격	202	합격	통과

Hint
- [D6] : =IF(C6>=150, "합격", "불합격")
- [F6] : =IF(E6>=130, "합격", "불합격")
- [G6] : =IF(AND(D6="합격", F6="합격"), "통과", "재시험")

12 문자 함수 이용하기

· LEFT 함수의 사용법을 알아봐요.
· MID 함수의 사용법을 알아봐요.

▶ 예제 파일 : 12_놀이마당.xlsx
▶ 완성 파일 : 12_놀이마당_완성.xlsx

미션1 LEFT 함수의 사용법을 알아보아요.

❶ '12_놀이마당.xlsx' 파일을 열기하여 [D5] 셀을 선택한 후 [수식] 탭-[함수 라이브러리] 그룹-[함수 삽입(fx)]을 클릭합니다.

❷ [함수 마법사] 대화상자가 나타나면 [범주 선택]에서 '모두'를 선택하고 [함수 선택]에서 'LEFT' 함수를 선택한 후 [확인] 단추를 클릭합니다.

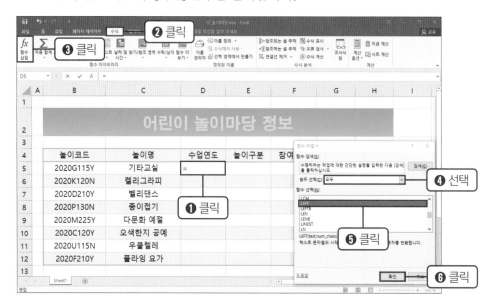

3 [함수 인수] 대화상자가 나타나면 'Text' 항목에 [B5] 셀을 지정하고 'Num_chars' 항목에 "4"를 입력한 후 [확인] 단추를 클릭합니다.

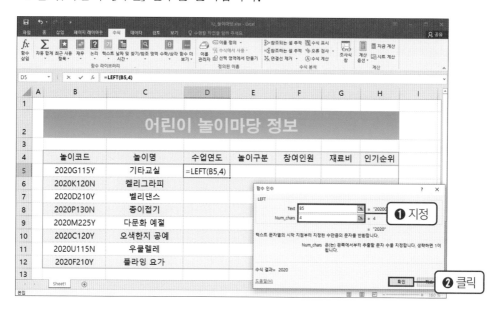

4 '놀이코드' 중 왼쪽 4개의 문자가 추출되어 표시되는 것을 확인한 후 마우스 오른쪽 단추를 클릭한 상태로 [D12] 셀까지 드래그하여 바로가기 메뉴가 나타나면 [서식 없이 채우기]를 클릭합니다.

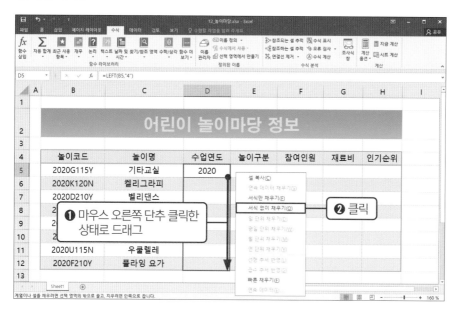

미션 2 **MID 함수의 사용법을 알아보아요.**

① [E5] 셀을 선택한 후 [함수 삽입(*fx*)]을 클릭합니다. [함수 마법사] 대화상자가 나타나면 [함수 선택]에서 'MID' 함수를 선택하고 [확인] 단추를 클릭합니다.

② [함수 인수] 대화상자가 나타나면 'Text' 항목과 'Start_num', 'Num_chars' 항목을 그림과 같이 지정한 후 [확인] 단추를 클릭하고 결과값이 표시되면 결과값을 서식 없이 채우기합니다.

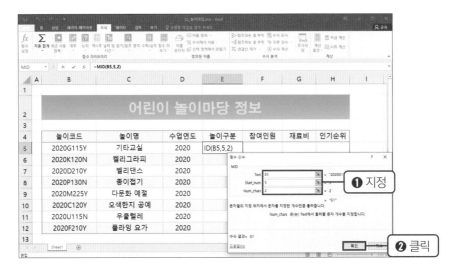

③ **①**~**②**와 같은 방법으로 놀이코드의 '참여인원'을 구하고 결과값을 채우기합니다.

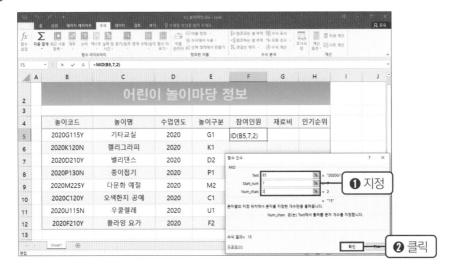

혼자 할 수 있어요!

01 예제 파일을 불러와 '회원코드' 앞자리 4개는 연도, 다음 두 글자는 월, 나머지 두 글자는 일로 표시되도록 문자 함수를 이용해 구해 보세요.

• 예제 파일 : 12_온라인독서.xlsx
• 완성 파일 : 12_온라인독서_완성.xlsx

온라인 독서 동아리 회원 현황

회원코드	구분	이름	성별	회원 등록 년/월/일			비고
				연도	월	일	
20180812	아동	김민재	남	2018	08	12	
20200415	성인	최민서	여	2020	04	15	
20180820	아동	최연서	여	2018	08	20	
20180725	청소년	박예린	여	2018	07	25	
20200102	성인	이영주	남	2020	01	02	
20191205	성인	황은정	여	2019	12	05	
20190530	아동	박무송	남	2019	05	30	
20200125	청소년	송인국	남	2020	01	25	

Hint
• [F6] : =LEFT(B6, 4)
• [G6] : =MID(B6, 5, 2)
• [H6] : =RIGHT(B6, 2)

02 예제 파일을 불러와 '대출일자코드' 앞자리 4개는 연도, 다음 두 글자는 월, 나머지 두 글자는 일로 표시되도록 문자 함수를 이용해 구해 보세요.

• 예제 파일 : 12_도서대출.xlsx
• 완성 파일 : 12_도서대출_완성.xlsx

흰종검글 도서관 대출 정보

대출일자코드	이름	대출일자			반납일	종류
		연도	월	일		
20200917Y	김태균	2020	09	17		
20200918N	박은솔	2020	09	18		
20201002Y	김명수	2020	10	02		
20201003Y	이은정	2020	10	03		
20201005N	이민관	2020	10	05		
20201008Y	최은혁	2020	10	08		
20201008Y	김성태	2020	10	08		
20201010Y	한영수	2020	10	10		

Hint
• [D6] : =LEFT(B6, 4)
• [E6] : =MID(B6, 5, 2)
• [F6] : =MID(B6, 7, 2)

13 차트 만들기

• 세로 막대형 차트를 만들어요.
• 차트 디자인을 변경해요.

▶ 예제 파일 : 13_좋아하는과목.xlsx
▶ 완성 파일 : 13_좋아하는과목_완성.xlsx

미션 1) 세로 막대형 차트를 만들어 보아요.

1 '13_좋아하는과목.xlsx' 파일을 열기하여 [B5:D12] 셀을 선택한 후 [삽입] 탭-[차트] 그룹-[세로 또는 가로 막대형 차트 삽입(■)]-[3차원 묶은 세로 막대형]을 선택합니다.

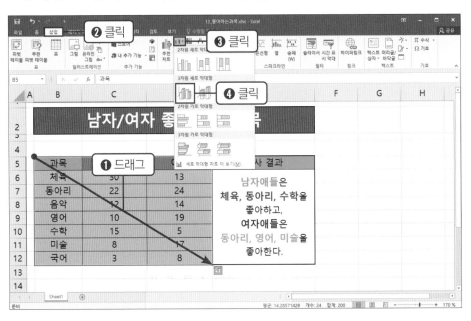

2 차트가 삽입되면 [차트 도구]–[디자인] 탭–[위치] 그룹–[차트 이동(🖼)]을 클릭하여 [차트 이동] 대화상자가 나타나면 '새 시트' 항목을 선택하고 "남여 좋아하는 과목 비교"를 입력한 후 [확인] 단추를 클릭합니다.

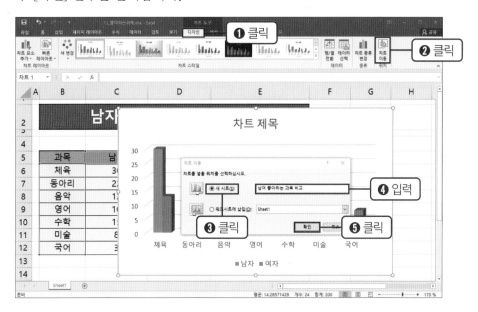

3 '남여 좋아하는 과목 비교' 시트로 차트가 이동된 것을 확인합니다.

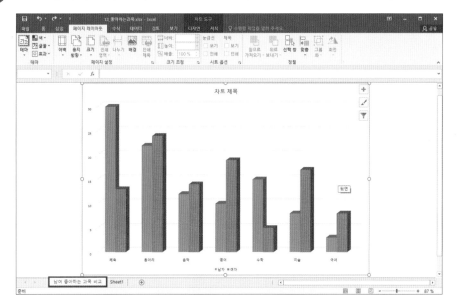

차트 디자인을 변경해 보아요.

① [차트 도구]–[디자인] 탭–[차트 스타일] 그룹의 [자세히] 단추를 클릭한 후 '스타일 5'를 클릭하고 결과를 확인합니다.

② [차트 레이아웃] 그룹–[빠른 레이아웃(▦)]을 클릭하고 '레이아웃 5'를 선택한 후 결과를 확인합니다.

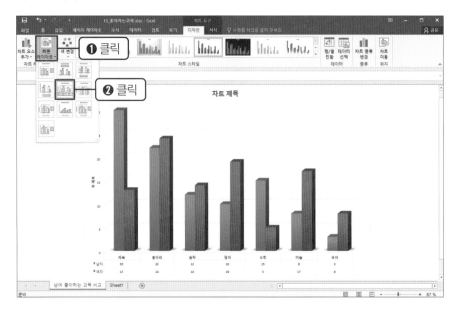

13 혼자 할 수 있어요!

01 예제 파일을 불러와 '모둠별' '9월'에서 '1월'의 독서량을 비교하는 차트를 만들고 새 시트에 차트를 삽입한 후 차트 스타일과 차트 레이아웃을 지정해 보세요.

• 예제 파일 : 13_독서량.xlsx
• 완성 파일 : 13_독서량_완성.xlsx

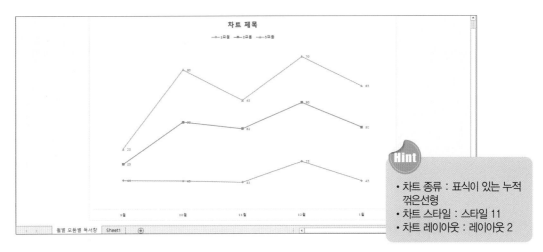

Hint
• 차트 종류 : 표식이 있는 누적 꺾은선형
• 차트 스타일 : 스타일 11
• 차트 레이아웃 : 레이아웃 2

02 예제 파일을 불러와 '공부 장소'별로 선호하는 '비율'을 비교하는 차트를 만들고 차트 스타일과 차트 레이아웃을 지정해 보세요.

• 예제 파일 : 13_공부장소.xlsx
• 완성 파일 : 13_공부장소_완성.xlsx

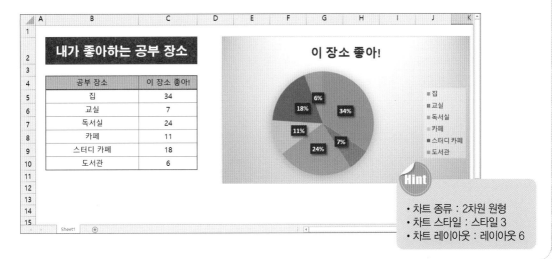

Hint
• 차트 종류 : 2차원 원형
• 차트 스타일 : 스타일 3
• 차트 레이아웃 : 레이아웃 6

14 차트 편집하기

학 습 목 표

• 차트 제목과 축 제목을 편집해요.
• 데이터 레이블과 범례를 편집해요.

▶ 예제 파일 : 14_좋아하는과목.xlsx
▶ 완성 파일 : 14_좋아하는과목_완성.xlsx

 미션1 **차트 제목과 축 제목을 편집해 보아요.**

❶ '14_좋아하는과목.xlsx' 파일을 열기하여 '차트 제목'과 '축 제목'의 내용을 그림과 같이 수정한 후 서식을 지정합니다.

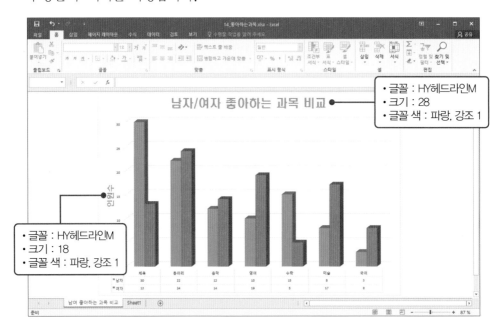

2 차트 제목을 선택한 후 [차트 도구]-[서식] 탭-[WordArt 스타일] 그룹-[무늬 채우기 -
청회색, 텍스트 2, 어두운 상향 대각선, 진한 그림자 - 텍스트 2]를 선택합니다.

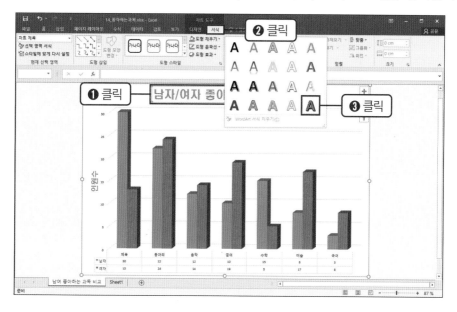

3 축 제목을 더블클릭하여 화면 오른쪽에 [축 제목 서식] 창이 나타나면 [크기 및 속성]-
[맞춤]-[텍스트 방향]-[세로]로 선택한 후 결과를 확인합니다.

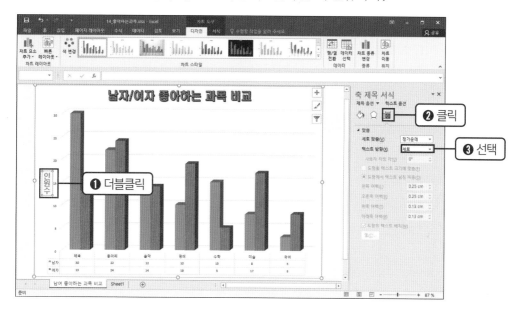

데이터 레이블과 범례를 편집해 보아요.

① '여자' 데이터의 차트 항목을 선택한 후 마우스 오른쪽 단추를 클릭하여 바로가기 메뉴가 나타나면 [데이터 레이블 추가]–[데이터 레이블 추가]를 클릭합니다.

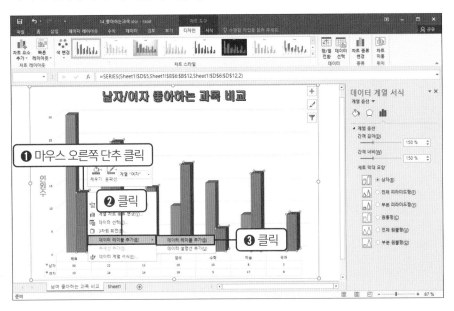

② 데이터 레이블이 나타나면 데이터 레이블을 선택한 후 그림과 같이 서식을 변경하고 [차트 도구]–[디자인] 탭–[차트 레이아웃] 그룹–[차트 요소 추가(📊)]–[범례]–[아래쪽]을 클릭합니다.

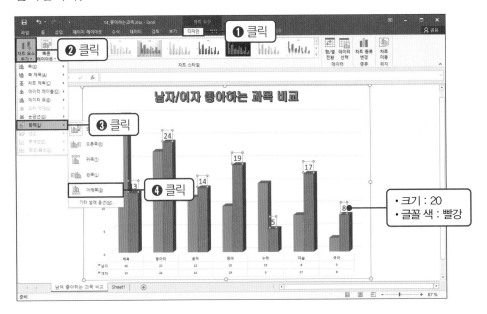

③ '세로 축'과 '데이터 표' 영역을 각각 선택한 후 글꼴 크기를 '20'으로 지정합니다.

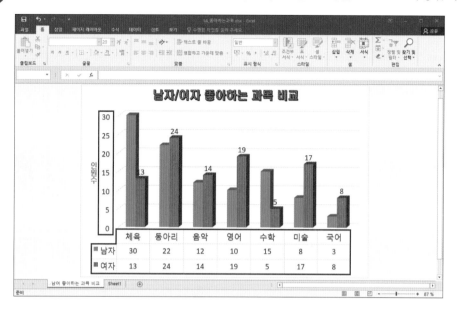

④ '세로 축' 항목을 더블클릭하여 화면 오른쪽에 [축 서식] 창이 나타나면 [축 옵션]의 '경계'와 '단위'를 그림과 같이 지정한 후 [닫기(✕)] 단추를 클릭합니다.

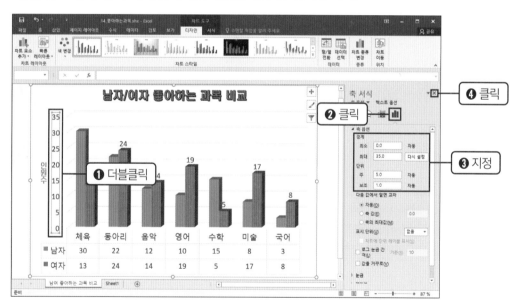

혼자 할 수 있어요!

01 예제 파일을 불러와 '차트 제목'과 '범례', '세로 축', '가로 축' 항목의 서식을 그림과 같이 변경해 보세요.

• 예제 파일 : 14_독서량.xlsx
• 완성 파일 : 14_독서량_완성.xlsx

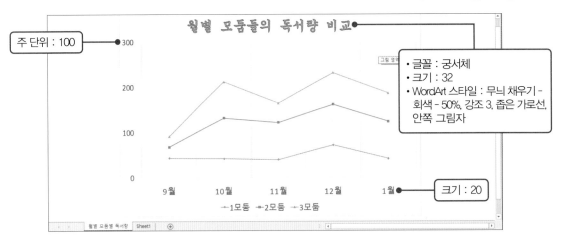

주 단위 : 100

• 글꼴 : 궁서체
• 크기 : 32
• WordArt 스타일 : 무늬 채우기 - 회색 - 50%, 강조 3, 좁은 가로선, 안쪽 그림자

크기 : 20

02 예제 파일을 불러와 '차트 제목'과 '범례', '데이터 레이블' 항목의 서식을 그림과 같이 변경해 보세요.

• 예제 파일 : 14_공부장소.xlsx
• 완성 파일 : 14_공부장소_완성.xlsx

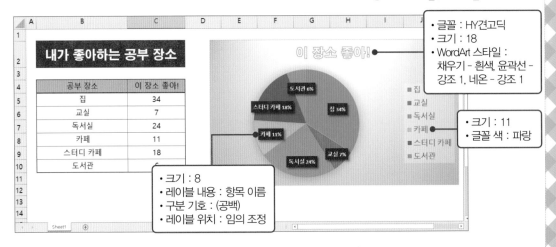

• 글꼴 : HY견고딕
• 크기 : 18
• WordArt 스타일 : 채우기 - 흰색, 윤곽선 - 강조 1, 네온 - 강조 1

• 크기 : 11
• 글꼴 색 : 파랑

• 크기 : 8
• 레이블 내용 : 항목 이름
• 구분 기호 : (공백)
• 레이블 위치 : 임의 조정

15 필터로 데이터 추출하기

학 습 목 표

• 자동 필터 사용법을 알아봐요.
• 하이퍼링크 사용법을 알아봐요.

▶ 예제 파일 : 15_악기대회.xlsx
▶ 완성 파일 : 15_악기대회_완성.xlsx

미션 1 자동 필터로 데이터를 추출해 보아요.

❶ '15_악기대회.xlsx' 파일을 열기하여 [B4] 셀을 선택한 후 [데이터] 탭-[정렬 및 필터] 그룹-[필터(▼)]를 클릭하여 각 항목의 오른쪽 아래에 필터 단추(▼)가 표시되는 것을 확인합니다.

2 '연주악기'의 필터 단추(▼)를 클릭하여 그림과 같이 '우쿨렐레'와 '칼림바' 항목만 체크되도록
설정한 후 [확인] 단추를 클릭합니다.

3 '연주악기'가 '우쿨렐레'와 '칼림바'인 데이터만 표시되는 것과 해당 행의 번호가 파란색으로
표시되는 것을 확인합니다.

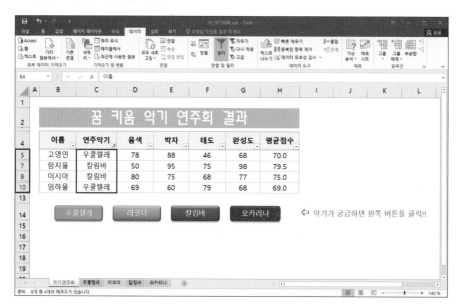

4 [데이터] 탭-[정렬 및 필터] 그룹-[지우기(🔽)]를 클릭하여 적용된 자동 필터 결과를 모두 삭제합니다.

5 '완성도'의 필터 단추(🔽)를 클릭하여 [숫자 필터]-[크거나 같음]을 클릭합니다.

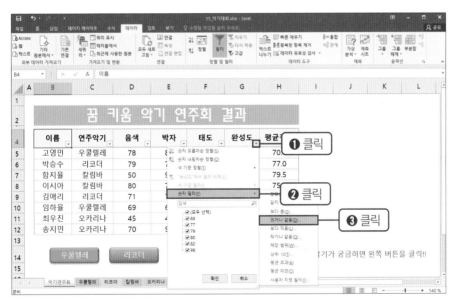

6 [사용자 지정 자동 필터] 대화상자가 나타나면 그림과 같이 조건을 지정한 후 [확인] 단추를 클릭합니다.

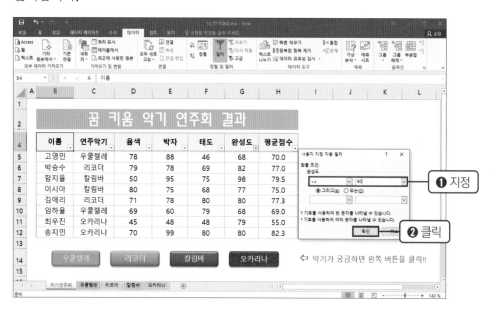

7 '완성도'값이 80점 이상인 데이터 항목만 표시되는 것을 확인한 후 [필터(▼)]를 다시 클릭하여 필터 작업을 종료합니다.

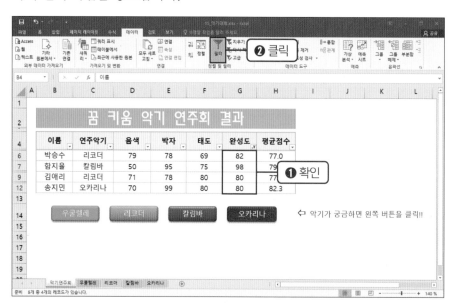

미션 2 **하이퍼링크를 이용하여 악기 정보를 확인해 보아요.**

❶ '우쿨렐레' 도형을 선택한 후 [삽입] 탭–[링크] 그룹–[하이퍼링크(🌐)]를 선택합니다.

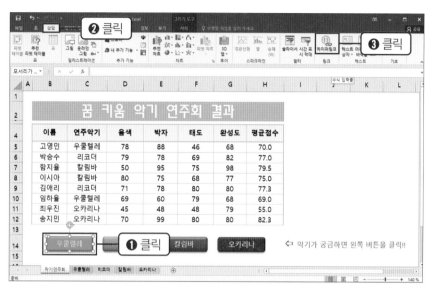

❷ [하이퍼링크 삽입] 대화상자가 나타나면 '현재 문서'를 클릭하고 [이 문서에서 위치 선택]에서 '우쿨렐레'를 선택하여 하이퍼링크를 연결한 후 [확인] 단추를 클릭합니다. 이어서 나머지 악기 도형에도 같은 방법으로 하이퍼링크를 연결합니다.

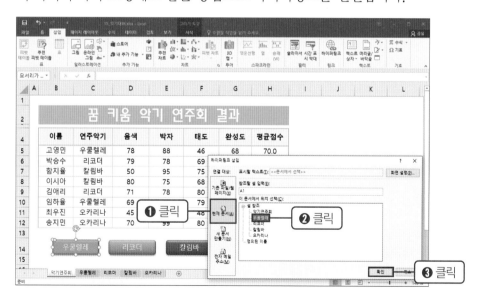

❸ 하이퍼링크가 모두 연결되면 각 악기 도형을 클릭하여 악기 정보를 확인해 봅니다.

15 혼자 할 수 있어요!

• 예제 파일 : 15_혈액형조사.xlsx
• 완성 파일 : 15_혈액형조사_완성.xlsx

01 예제 파일을 불러와 자동 필터를 이용하여 'A형'과 'B형' 모두 '60' 이상인 데이터를 그림과 같이 추출하고 하이퍼링크를 연결해 보세요.

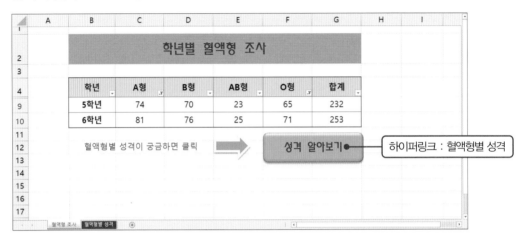

02 '혈액형별 성격' 시트로 이동한 후 '처음으로' 도형에 하이퍼링크를 연결해 보세요.

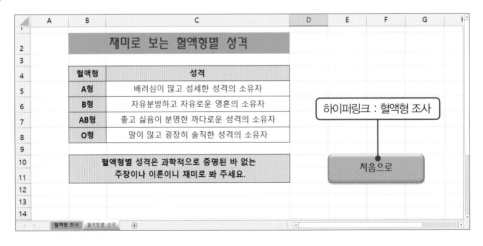

16 부분합 구하기

미션 1 **부분합으로 학년별 평균값을 알아보아요.**

1 [C5] 셀을 선택한 후 [데이터] 탭-[정렬 및 필터] 그룹-[숫자 오름차순 정렬(🔼)]을 클릭하여 학년이 낮은 데이터가 올라가는 것을 확인합니다.

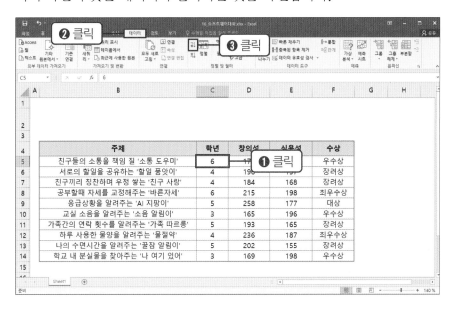

② [데이터] 탭-[윤곽선] 그룹-[부분합(▦)]을 클릭하여 [부분합] 대화상자가 나타나면 [그룹화할 항목]을 '학년'으로, [사용할 함수]를 '평균'으로 지정하고 [부분합 계산 항목]의 '창의성'과 '실용성'에 체크한 후 [확인] 단추를 클릭합니다.

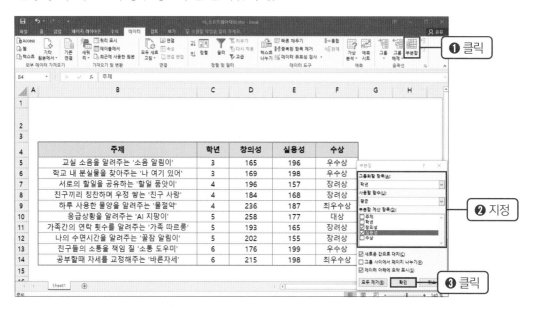

③ 학년별로 '창의성', '실용성' 항목의 평균 결과가 표시되는 것을 확인합니다.

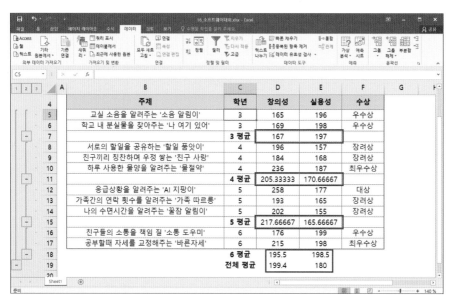

4 다시 [부분합(▦)]을 클릭하여 [부분합] 대화상자가 나타나면 [사용할 함수]를 '합계'로 변경한 후 [확인] 단추를 클릭하고 학년별로 '창의성', '실용성' 항목의 합계 결과가 표시 되는 것을 확인합니다.

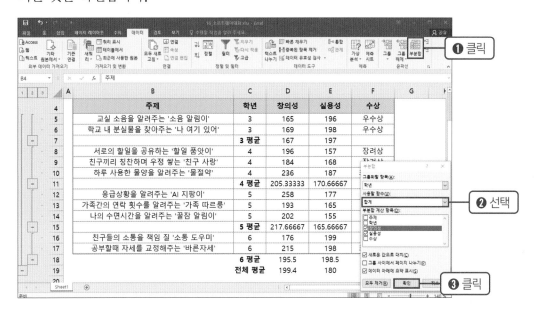

5 이어서 다시 [부분합(▦)]을 클릭하고 [부분합] 대화상자에서 [모두 제거] 단추를 클릭하여 부분합 결과가 삭제되는 것을 확인합니다.

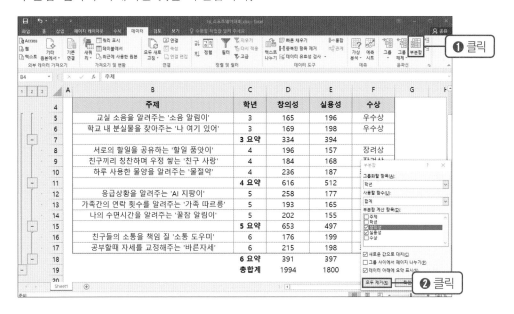

미션 2 도형으로 제목을 삽입해 보아요.

1 [삽입] 탭-[일러스트레이션] 그룹-[도형(⬡)]의 [별 및 현수막]-[가로로 말린 두루마리 모양(▱)]을 선택하여 워크시트에 삽입한 후 [그리기 도구]-[서식] 탭-[도형 스타일] 그룹에서 '색 채우기 - 녹색, 강조 6'을 선택합니다.

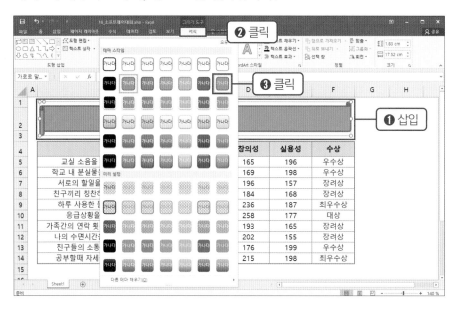

2 도형에 내용을 입력하고 그림과 같이 서식을 적용합니다.

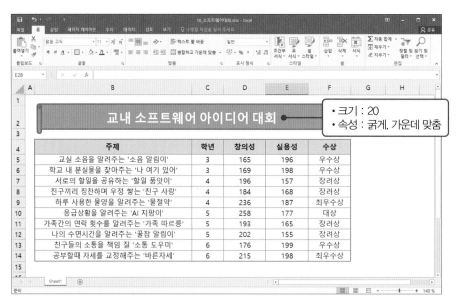

• 크기 : 20
• 속성 : 굵게, 가운데 맞춤

주제	학년	창의성	실용성	수상
교실 소음을 알려주는 '소음 알림이'	3	165	196	우수상
학교 내 분실물을 찾아주는 '나 여기 있어'	3	169	198	우수상
서로의 할일을 공유하는 '할일 품앗이'	4	196	157	장려상
친구끼리 칭찬하며 우정 쌓는 '친구 사랑'	4	184	168	장려상
하루 사용한 물 양을 알려주는 '물절약'	4	236	187	최우수상
응급상황을 알려주는 'AI 지팡이'	5	258	177	대상
가족간의 연락 횟수를 알려주는 '가족 따르릉'	5	193	165	장려상
나의 수면시간을 알려주는 '꿀잠 알림이'	5	202	155	장려상
친구들의 소통을 책임 질 '소통 도우미'	6	176	199	우수상
공부할때 자세를 교정해주는 '바른자세'	6	215	198	최우수상

16 혼자 할 수 있어요!

• 예제 파일 : 16_그림대회.xlsx
• 완성 파일 : 16_그림대회_완성.xlsx

01 예제 파일을 불러와 '응시부문'의 개수와 '완성도'의 최대값을 부분합으로 구해 보세요.

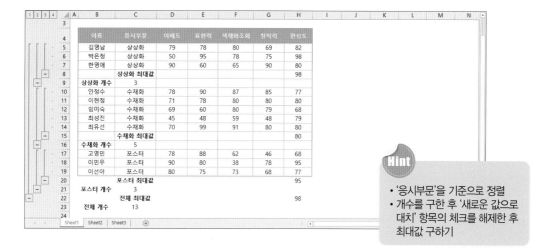

Hint

• '응시부문'을 기준으로 정렬
• 개수를 구한 후 '새로운 값으로 대치' 항목의 체크를 해제한 후 최대값 구하기

02 '순서도 : 문서' 도형을 삽입한 후 내용을 입력하고 그림과 같이 서식을 지정해 보세요.

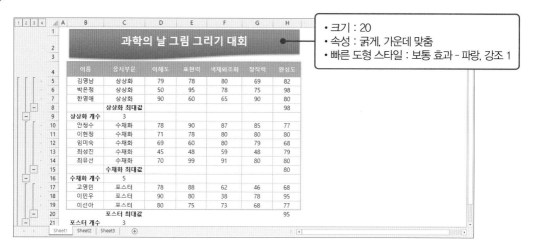

• 크기 : 20
• 속성 : 굵게, 가운데 맞춤
• 빠른 도형 스타일 : 보통 효과 – 파랑, 강조 1

01 시트 이름을 '방정리목록'으로 변경하고 그림과 같이 문서를 완성해 보세요.

• 완성 파일 : 솜씨어때요01_정리목록_완성.xlsx

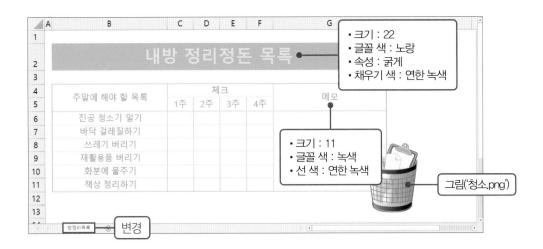

• 크기 : 22
• 글꼴 색 : 노랑
• 속성 : 굵게
• 채우기 색 : 연한 녹색

• 크기 : 11
• 글꼴 색 : 녹색
• 선 색 : 연한 녹색

그림('청소.png')

변경

02 시트 이름을 '쉬는시간'으로 변경하고 그림과 같이 문서를 완성해 보세요.

• 완성 파일 : 솜씨어때요02_쉬는시간_완성.xlsx

변경

Hint
• 글자와 셀 서식 임의 지정
• [온라인 그림]을 이용하여 그림 삽입
• 성별로 가장 많은 숫자의 셀 색상과
  글꼴 색 변경

솜씨 어때요?

01 워크시트에 그림과 같이 내용을 입력한 후 조건부 서식과 도형을 이용하여 그림과 같이 문서를 완성해 보세요.

• 완성 파일 : 솜씨어때요03_사라진스마트폰_완성.xlsx

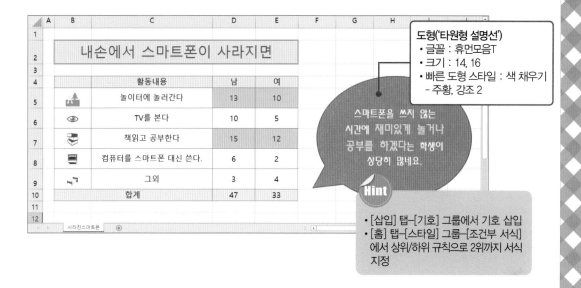

도형('타원형 설명선')
• 글꼴 : 휴먼모음T
• 크기 : 14, 16
• 빠른 도형 스타일 : 색 채우기
  – 주황, 강조 2

Hint
• [삽입] 탭–[기호] 그룹에서 기호 삽입
• [홈] 탭–[스타일] 그룹–[조건부 서식]
  에서 상위/하위 규칙으로 2위까지 서식
  지정

02 예제 파일을 불러와 셀 병합과 도형을 이용하여 그림과 같이 문서를 완성해 보세요.

• 예제 파일 : 솜씨어때요04_미션사다리.xlsx
• 완성 파일 : 솜씨어때요04_미션사다리_완성.xlsx

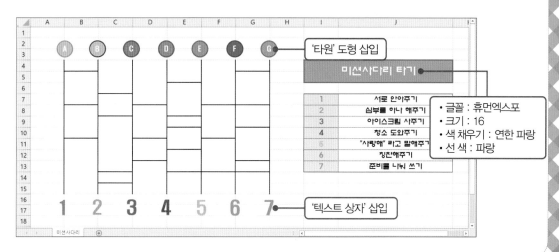

'타원' 도형 삽입

• 글꼴 : 휴먼엑스포
• 크기 : 16
• 색 채우기 : 연한 파랑
• 선 색 : 파랑

'텍스트 상자' 삽입

솜씨 어때요?

01 예제 파일을 불러와 계산식과 함수를 이용하여 연도, 월, 일, 할인율, 할인 금액을 구한 후 그림을 삽입하여 그림과 같이 문서를 완성해 보세요.

• 예제 파일 : 솜씨어때요05_학용품바자회.xlsx
• 완성 파일 : 솜씨어때요05_학용품바자회_완성.xlsx

교내 학용품 바자회 정보

그림('연필.png')

바자회 코드	바자회 물건	품목별 금액	바자회 일자			할인율 (%)	할인 금액
			연도	월	일		
20201025A	검정 볼펜	900	2020	10	25	10%	810
20201026B	삼색 볼펜	1800	2020	10	26	15%	1530
20201025B	무지개 색연필	1500	2020	10	25	15%	1275
20201027A	연필	800	2020	10	27	10%	720
20201026B	사인펜	1200	2020	10	26	15%	1020
20201025A	자	600	2020	10	25	10%	540
20201027A	지우개	500	2020	10	27	10%	450

Hint

• [E6] : =LEFT(B6, 4)
• [F6] : =MID(B6, 5, 2)
• [G6] : =MID(B6, 7, 2)
• [H6] : =IF(RIGHT(B6, 1)= "A", 10%, 15%)
• [I6] : =D6-D6*H6

02 예제 파일을 불러와 함수를 이용하여 평균을 구하고 자동 필터를 이용하여 '학년'이 '4'학년에서 '6'학년이고, '평균'이 '75' 이상인 데이터를 추출한 후 도형을 삽입하여 그림과 같이 문서를 완성해 보세요.

• 예제 파일 : 솜씨어때요06_봉사점수.xlsx
• 완성 파일 : 솜씨어때요06_봉사점수_완성.xlsx

봉사점수 고득점자 명단

도형('아래쪽 리본')
• 크기 : 20
• 속성 : 굵게
• 빠른 도형 스타일 : 강한 효과 – 파랑, 강조 5

이름	학년	예절	청결	과제해결	우애	가산점	평균
안정수	4	78	90	87	85	77	83.4
박은정	5	50	95	78	75	98	79.2
최유선	6	70	99	91	80	80	84.0
한영애	6	90	60	65	90	80	77.0

Hint

• [I5] : =AVERAGE(D5:H5)

솜씨 어때요?

01 예제 파일을 불러와 [C9:D9] 셀에는 함수를 이용하여 합계를 구하고 도형에는 각각 정해진 시트로 하이퍼링크를 연결해 보세요.

• 예제 파일 : 솜씨어때요07_혈액형믿는이유.xlsx
• 완성 파일 : 솜씨어때요07_혈액형믿는이유_완성.xlsx

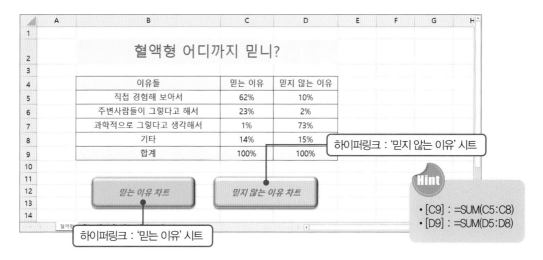

하이퍼링크 : '믿지 않는 이유' 시트

하이퍼링크 : '믿는 이유' 시트

Hint
• [C9] : =SUM(C5:C8)
• [D9] : =SUM(D5:D8)

02 예제 파일을 불러와 '혈액형' 시트의 데이터를 이용하여 '믿는 이유' 시트와 '믿지 않는 이유' 시트에 각각의 차트를 만들고 '혈액형' 시트로 링크되는 도형을 완성해 보세요.

• 예제 파일 : 솜씨어때요08_혈액형믿는이유.xlsx
• 완성 파일 : 솜씨어때요08_혈액형믿는이유_완성.xlsx

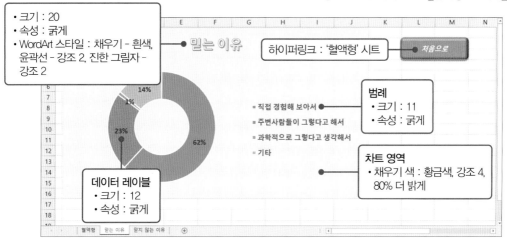

• 크기 : 20
• 속성 : 굵게
• WordArt 스타일 : 채우기 - 흰색, 윤곽선 - 강조 2, 진한 그림자 - 강조 2

하이퍼링크 : '혈액형' 시트

범례
• 크기 : 11
• 속성 : 굵게

데이터 레이블
• 크기 : 12
• 속성 : 굵게

차트 영역
• 채우기 색 : 황금색, 강조 4, 80% 더 밝게

컴선생 여우님이 알려주는

엑셀 2016

■ 이 책의 학습 내용 ■

정가 8,000원

학년 _____ 반

요일 _____ 시간 _____

이름 _____

ISBN 979-11-6571-137-5

 KC마크는 이 제품이 공통안전기준에
적합하였음을 의미합니다.

컴퓨터 방과후 수업 전문교재

유틸리티와 함께하는

컴퓨터와 친구하기

해람북스 기획팀 지음

해람북스
HAERAMBOOKS